# IG BAS
## RÉGIME
### 100 recettes végétariennes

**Vous avez aimé ce livre ?**
Vous pouvez laisser un commentaire sur sa page

Merci beaucoup !

BILER RUPENSE

Copyright © 2023 Biler Rupense.
Paris.
Tous droits réservés.
Imprimé à la demande.
Dépôt légal décembre 2023
ISBN : 979-8-8732-1141-8

# Préambule

Ce livre de recettes est le fruit de mon expérience personnelle et de ma passion pour une alimentation saine à indice glycémique bas. Je tiens à préciser que je ne suis ni médecin, ni nutritionniste, ni diététicien. Les informations fournies dans ce livre sont basées sur mes propres recherches, expériences culinaires et connaissances acquises au fil du temps.

Il est important de noter que chaque individu a des besoins nutritionnels uniques, et ce livre n'est pas un substitut à des conseils médicaux professionnels. Avant d'apporter des changements significatifs à votre régime alimentaire, je vous recommande vivement de consulter un professionnel de la santé qualifié, tel qu'un médecin, un nutritionniste ou un diététicien, pour obtenir des conseils personnalisés adaptés à votre situation spécifique.

Les recettes présentées dans ce livre ont été élaborées dans le but de promouvoir une alimentation à indice glycémique bas, mais il est essentiel de prendre en compte vos propres besoins, allergies alimentaires et conditions de santé lors de la préparation et de la consommation des plats proposés.

En utilisant ce livre, vous reconnaissez et acceptez que l'auteur ne peut être tenu responsable des conséquences découlant de l'utilisation des recettes ou des informations présentées dans ce livre.

# Sommaire

## INTRODUCTION

1. **L'Index Glycémique pour les végétariens**
2. Introduction à l'alimentation à faible indice glycémique pour les végétariens
3. Importance de l'équilibre nutritionnel dans un régime végétarien à IG bas
4. Conseils pratiques et astuces nutritionnelles
5. Typologie des produits pour faciliter la préparation des recettes
6. Conseils pour les listes de courses
7. L'échelle de l'Index Glycémique (IG)

## PETITS-DÉJEUNERS REVITALISANTS

9. **Smoothies et boissons énergisantes**
10. Smoothie énergisant au chia et aux baies
12. Smoothie vert rafraîchissant
15. Smoothie vitalité matinale
16. Smoothie protéiné au beurre d'amande
18. Smoothie coco-banane antioxydant
20. Smoothie vert détoxifiant
23. Smoothie mûres et menthe fraîche
24. Smoothie avoine et fruits rouges

27. **Bowls de fruits et céréales complètes**
28. Bowl énergétique aux fruits et quinoa
30. Bowl fruits & céréales complètes
33. Bowl riche en fibres aux flocons d'avoine et fruits
34. Bowl fraîcheur aux fruits et orge
36. Bowl vitalité au millet et fruits
39. Bowl antioxydant aux baies et quinoa
40. Bowl énergétique fruits et muesli

43. **Alternatives végétales aux produits laitiers**
44. Yaourt végétal à la vanille et aux amandes
46. Fromage végétal au tofu et herbes fraîches
49. Yaourt de noix de cajou et fruits des bois
50. Fromage blanc végétal au yaourt de soja
52. Crème fouettée coco-vanille

55. **Créations à base de graines et fruits à coque**
56. Mélange croquant de granola aux noix et fruits
59. Barres énergétiques aux noix et fruits séchés
61. Porridge croquant aux noix et graines
62. Smoothie bowl aux graines de chia et noix
64. Muesli aux noix, graines et fruits séchés

## DÉJEUNERS RASSASIANTS

67. **Salades complètes et rassasiantes**
68. Salade de quinoa aux légumes rôtis
70. Salade méditerranéenne aux lentilles et légumes
72. Salade de pois chiches rôtis et légumes grillés
75. Salade de lentilles aux légumes croquants
76. Salade de quinoa aux légumes grillés
79. Salade de haricots blancs et légumes grillés
80. Salade de quinoa aux légumes croquants
82. Salade de riz complet aux légumes d'été

85. **Sandwichs et wraps équilibrés**
86. Sandwich aux légumes grillés et houmous
88. Sandwich aux légumes grillés et tofu mariné
91. Sandwich aux légumineuses et guacamole
93. Wrap protéiné aux haricots noirs et avocat
94. Sandwich aux légumes rôtis et fromage de chèvre
96. Sandwich méditerranéen aux légumes grillés
98. Wrap aux champignons sautés et houmous de pois chiches

101. **Options de déjeuner à emporter**
102. Salade de quinoa aux légumes pour déjeuner à emporter
104. Wrap aux légumes croquants et tartinade de pois chiches
107. Salade de lentilles et légumes pour déjeuner nomade
108. Wrap aux légumes grillés et féta
110. Salade de quinoa aux légumes et avocat

113. **Plats chauds végétariens pour le déjeuner**
114. Poêlée de légumes au quinoa
117. Pâtes aux Légumes Grillés et Sauce Tomate Maison

| 118 | Curry de légumes et tofu |
| 121 | Chili végétarien aux haricots |
| 122 | Ratatouille Provençale |

## DÎNERS SAVOUREUX

**125  Plats à base de légumineuses et céréales complètes**

| 126 | Bowl de quinoa et haricots noirs |
| 128 | Salade de lentilles et boulgour |
| 131 | Poêlée de pois chiches et quinoa |
| 132 | Curry de lentilles aux légumes |
| 134 | Poêlée de quinoa aux légumes |
| 137 | Pois chiches rôtis aux légumes |
| 138 | Galettes de Quinoa aux Haricots Noirs |
| 140 | Tofu sauté aux légumes et sésame |

**143  Variétés de plats de légumes et protéines végétales**

| 144 | Curry de pois chiches et patates douces |
| 146 | Ratatouille aux haricots blancs |
| 149 | Poêlée de légumes aux lentilles |
| 151 | Curry de tofu et légumes |
| 152 | Curry de pois chiches et épinards |
| 154 | Tofu sauté aux légumes croquants |
| 157 | Ratatouille aux herbes fraîches |

**159  Alternatives végétales aux plats traditionnels**

| 160 | Lasagnes végétariennes aux légumes |
| 162 | Poêlée de légumes d'hiver à l'orge |
| 165 | Courgettes farcies aux légumes et quinoa |
| 166 | Poivrons farcis aux légumes et riz complet |
| 168 | Tarte aux légumes d'été |

**171  Dîners légers et équilibrés**

| 172 | Salade d'épinards aux fraises et noix |
| 174 | Poêlée de légumes d'été au tofu grillé |
| 177 | Curry de légumes au lait de coco |
| 178 | Ratatouille aux herbes et quinoa |
| 180 | Curry de légumes et pois chiches |

## DESSERTS EXQUIS

**183  Options sucrées avec des fruits frais et secs**

| 184 | Salade de fruits frais et secs à la menthe |
| 186 | Compote de pommes aux fruits secs et cannelle |
| 189 | Salade de fruits d'hiver aux noix |
| 190 | Carpaccio de fruits d'été aux amandes |

| 192 | Brochettes de fruits grillés à la menthe |
| 194 | Bol de yaourt grec aux fruits et noix |
| 196 | Mousse de fruits légers |
| 198 | Salade de fruits exotiques à la noix de coco |

**201  Pâtisseries légères et équilibrées**

| 202 | Muffins à l'avoine et aux fruits |
| 204 | Cookies à la banane et aux amandes |
| 206 | Biscuits aux dattes et aux noix |
| 208 | Bouchées d'énergie à la noix de coco et aux amandes |
| 210 | Biscuits sablés à la vanille et aux amandes |
| 212 | Bouchées de coco aux fruits secs |
| 214 | Biscuits à la banane et au chocolat noir |

**217  Alternatives saines pour satisfaire les envies de sucré**

| 218 | Boules d'énergie aux fruits secs et à la noix de coco |
| 220 | Tartelettes aux fruits rouges et à la crème d'amande |
| 223 | Pudding de chia aux fruits d'été |
| 224 | Yaourt grec aux fruits rouges et aux amandes |
| 226 | Compote de pommes cannelle |

**229  Desserts glacés et gourmands**

| 230 | Popsicles fruits rouges et yaourt grec |
| 232 | Sorbet tropical à la mangue et à la noix de coco |
| 235 | Granité à la pastèque |
| 236 | Bâtonnets glacés au yaourt et aux baies |
| 238 | Granité à la citronnelle et à la menthe |

## ANNEXES

**241  Mesures et ingrédients**

| 242 | Tableau des Index Glycémiques des aliments courants |
| 243 | Conversion des mesures pour faciliter l'utilisation du livre |
| 243 | Liste d'ingrédients végétariens à IG bas essentiels à avoir dans sa cuisine |

INTRODUCTION
# L'Index Glycémique pour les végétariens

# Introduction à l'alimentation à faible indice glycémique pour les végétariens

L'alimentation à faible indice glycémique constitue une approche holistique et équilibrée pour les végétariens cherchant à optimiser leur santé. Fondée sur le contrôle de la réponse glycémique du corps aux aliments, cette méthode privilégie des choix alimentaires qui impactent de manière modérée la glycémie après les repas.

Pour les végétariens, cette approche revêt une importance particulière. En effet, en éliminant ou en limitant les produits animaux, la diversité alimentaire devient essentielle pour répondre aux besoins nutritionnels, et l'indice glycémique des aliments joue un rôle clé dans la gestion de cette diversité.

Dans ce contexte, privilégier des aliments à faible indice glycémique permet de réguler la glycémie de façon plus constante, favorisant ainsi la satiété, réduisant les pics d'insuline et contribuant à un meilleur contrôle du poids corporel. De plus, cette approche peut être bénéfique pour la prévention et la gestion de diverses conditions de santé, telles que le diabète de type 2 ou les maladies cardiovasculaires.

Ce livre de recettes spécialement conçu pour les végétariens explore une variété de plats et d'ingrédients à faible indice glycémique, offrant ainsi une palette gustative diversifiée et équilibrée. Chaque recette est élaborée avec soin pour allier saveurs, nutriments et équilibre glycémique, encourageant ainsi à adopter un mode de vie sain sans compromis sur la satisfaction gustative.

En comprenant les principes fondamentaux de l'alimentation à faible indice glycémique et en apprenant à sélectionner et cuisiner des ingrédients adaptés, les végétariens peuvent non seulement diversifier leur alimentation, mais aussi améliorer leur bien-être global. Ce livre se veut ainsi un guide pratique et inspirant, offrant des pistes pour une alimentation nourrissante, énergisante et bienveillante pour le corps.

> *En éliminant ou en limitant les produits animaux, la diversité alimentaire devient essentielle pour répondre aux besoins nutritionnels, et l'indice glycémique des aliments joue un rôle clé dans la gestion de cette diversité.*

# Importance de l'équilibre nutritionnel dans un régime végétarien à IG bas

L'importance de l'équilibre nutritionnel dans un régime végétarien à faible indice glycémique est fondamentale pour assurer une santé optimale tout en répondant aux besoins nutritionnels spécifiques de ce mode alimentaire.

Le régime végétarien, par son exclusion de viande et souvent de poisson, demande une attention particulière à la qualité et à la variété des aliments consommés pour garantir un apport adéquat en protéines, en acides aminés essentiels, en fer, en calcium, en vitamines B12 et D, entre autres nutriments essentiels. Intégrer cette restriction à un régime à faible indice glycémique nécessite une compréhension approfondie de la valeur nutritionnelle des aliments et de leur impact sur la glycémie.

L'équilibre nutritionnel dans ce contexte implique la sélection judicieuse d'aliments à faible indice glycémique tout en veillant à couvrir les besoins en protéines, en fibres, en graisses saines et en micronutriments. Cela peut être réalisé en incluant des légumineuses, des céréales complètes, des légumes, des fruits à indice glycémique modéré, des sources de protéines végétales variées telles que le tofu, le tempeh, les graines et les noix.

> *L'équilibre nutritionnel dans ce contexte implique la sélection judicieuse d'aliments à faible indice glycémique tout en veillant à couvrir les besoins en protéines, en fibres, en graisses saines et en micronutriments.*

En maintenant cet équilibre, non seulement on assure une stabilité de la glycémie, mais on favorise également la satiété, le maintien d'un poids santé, la santé cardiovasculaire et digestive, ainsi qu'une énergie stable tout au long de la journée.

Ce livre de recettes vise à présenter des combinaisons alimentaires savoureuses et nutritives, mettant en valeur les associations d'aliments à faible indice glycémique qui répondent aux besoins spécifiques des végétariens.

**En comprenant et en mettant en pratique ces principes d'équilibre nutritionnel, les lecteurs pourront non seulement jouir de repas délicieux, mais aussi tirer pleinement parti des bienfaits d'une alimentation à la fois végétarienne et à faible indice glycémique pour une santé optimale.**

# Conseils pratiques et astuces nutritionnelles

- **Choix des aliments à faible indice glycémique** : Optez pour des aliments à faible IG tels que les légumes verts, les légumineuses, les céréales complètes, les fruits frais et les produits laitiers à faible teneur en matières grasses. Ceux-ci favorisent une libération lente du glucose dans le sang, maintenant ainsi l'énergie stable tout au long de la journée.

- **Équilibrage des repas** : Assurez-vous que chaque repas contient une combinaison de protéines végétales, de bons glucides et de graisses saines. Cette combinaison favorise la satiété et régule la glycémie.

- **Gestion des portions** : Bien que les aliments à faible IG soient bénéfiques, la quantité consommée reste importante. Respecter les portions recommandées aide à maintenir l'équilibre nutritionnel.

> *Équilibrage des repas, gestion des portions, privilégier la cuisson douce, intégrer des graisses saines, gestion du sucre, planification des repas et hydratation adéquate.*

- **Privilégier la cuisson douce** : Préférez les méthodes de cuisson douces comme la vapeur, la cuisson à basse température ou le sauté léger. Cela préserve les nutriments et minimise l'élévation de l'indice glycémique des aliments.

- **Les bonnes graisses comptent** : Intégrez des graisses saines telles que celles présentes dans les avocats, les noix, les graines de lin et l'huile d'olive dans votre alimentation quotidienne. Elles sont bénéfiques pour la santé cardiovasculaire et contribuent à une meilleure absorption des nutriments.

- **Gestion du sucre** : Réduisez la consommation de sucre raffiné en remplaçant par des alternatives naturelles comme le miel, le sirop d'érable ou les dattes pour sucrer vos préparations.

- **Planification des repas** : Prévoyez à l'avance vos repas et collations pour éviter les choix alimentaires impulsifs. Cela vous permettra de maintenir votre alimentation à faible IG plus facilement.

- **Hydratation adéquate** : Buvez suffisamment d'eau tout au long de la journée. Parfois, la déshydratation peut être confondue avec la faim, ce qui peut entraîner des choix alimentaires inappropriés.

En incorporant ces conseils et astuces dans votre quotidien, vous pouvez maximiser les bienfaits d'une alimentation végétarienne à faible indice glycémique, favorisant ainsi votre bien-être général et votre énergie durable.

# Typologie des produits pour faciliter la préparation des recettes

- **Céréales complètes et alternatives sans gluten :** Choisissez parmi une variété de céréales complètes telles que le quinoa, le riz complet, l'avoine et le sarrasin. Pour ceux évitant le gluten, explorez les alternatives sans gluten comme le millet, le riz noir ou le teff pour une diversité dans les plats.

- **Légumineuses variées :** Des lentilles aux pois chiches, en passant par les haricots noirs ou rouges, ces légumineuses sont des sources riches en protéines végétales. Optez pour des versions sèches ou en conserve pour une praticité accrue lors de la préparation.

- **Légumes frais et surgelés :** Faites le plein de légumes frais de saison pour une diversité nutritionnelle. Les légumes surgelés peuvent également être pratiques pour les recettes rapides et restent tout aussi riches en nutriments.

- **Fruits frais et secs :** Les fruits frais peuvent être utilisés pour des desserts ou des smoothies. Les fruits secs tels que les dattes, les figues ou les abricots peuvent servir de substituts naturels au sucre dans de nombreuses recettes.

> *Vous pouvez élaborer des repas savoureux et équilibrés à faible IG, favorisant ainsi une meilleure gestion de la glycémie, une énergie stable et une santé globale optimale.*

- **Substituts végétaux aux produits laitiers :** Optez pour du lait d'amande, de soja, de coco ou d'avoine en remplacement du lait de vache. Le yaourt végétal et les fromages végétaux offrent également des alternatives riches en saveurs.

- **Graines et noix :** Intégrez des graines de chia, de lin, de courge ou des noix comme les amandes, les noisettes ou les noix de cajou dans vos plats pour ajouter des textures intéressantes et des bienfaits nutritionnels supplémentaires.

- **Édulcorants naturels :** Mis à part le sucre traditionnel, explorez des édulcorants naturels comme le sirop d'érable, le miel, le sirop d'agave ou les dattes pour sucrer vos préparations de manière plus saine.

- **Épices et herbes aromatiques :** Variez les saveurs en utilisant une palette d'épices et d'herbes. Du curcuma au paprika en passant par le thym et le basilic, ces ingrédients ajoutent de la profondeur gustative sans compromettre la santé.

> En incorporant ces produits das votre garde-manger, vous disposerez d'une base variée et polyvalente pour préparer une gamme étendue de recettes végétariennes à faible indice glycémique avec facilité et créativité.

## Conseils pour les listes de courses

- **Planification des repas hebdomadaires** : Avant de dresser votre liste de courses, élaborez un menu hebdomadaire. Cela vous aidera à déterminer exactement quels ingrédients vous avez besoin pour chaque repas, minimisant ainsi le gaspillage alimentaire.

- **Priorisation des aliments frais et de saison** : Les produits frais et de saison sont non seulement plus savoureux, mais souvent moins chers. Consultez les calendriers des produits de saison pour vous guider dans vos choix.

- **Conservation de la diversité** : Assurez-vous d'inclure une variété d'aliments pour garantir un apport nutritionnel équilibré. Ajoutez des légumes de différentes couleurs, des sources variées de protéines végétales et des céréales complètes à votre liste.

- **Vérification des réserves avant de partir** : Avant de faire vos courses, jetez un œil à ce que vous avez déjà dans votre garde-manger. Cela vous évitera d'acheter des éléments que vous possédez déjà et vous aidera à compléter votre liste de manière plus précise.

- **Flexibilité dans les substituts** : Si un ingrédient spécifique n'est pas disponible, prévoyez des substituts alternatifs. Par exemple, si un type de haricot n'est pas disponible, optez pour une autre variété similaire.

- **Éviter les achats impulsifs** : Restez fidèle à votre liste autant que possible pour éviter les achats impulsifs. Ces achats peuvent entraîner un gaspillage alimentaire et dévier des choix nutritionnels prévus.

- **Utilisation d'applications ou de listes numériques** : Les applications de listes de courses peuvent être pratiques pour garder une trace de ce dont vous avez besoin. Certaines permettent même de cocher les articles au fur et à mesure que vous les ajoutez à votre panier.

- **Réévaluation régulière de vos habitudes** : Enfin, réévaluez régulièrement vos listes de courses et votre menu pour ajuster vos besoins en fonction de votre mode de vie et de vos préférences alimentaires changeantes.

Introduction > **L'Index Glycémique pour les végétariens** | 7

> En suivant ces conseils, vos listes de courses deviendront des outils efficaces pour vous aider à maintenir une alimentation équilibrée et à préparer des repas végétariens à faible indice glycémique, sans stress ni gaspillage.

## L'échelle de l'Index Glycémique (IG)

L'échelle de l'Index Glycémique (IG) classe les aliments sur une échelle de 0 à 100, en fonction de la rapidité avec laquelle ils font augmenter le taux de sucre dans le sang après leur consommation. Voici comment cette échelle est généralement divisée :

- **IG bas (0-55)** : Les aliments avec un IG bas provoquent une élévation lente et modérée de la glycémie (légumineuses, certains fruits, produits laitiers non sucrés, etc.).

- **IG moyen (56-69)** : Les aliments avec un IG moyen ont un impact modéré à élevé sur la glycémie (certaines variétés de riz, pâtes, etc.).

- **IG élevé (70 et plus)** : Les aliments avec un IG élevé provoquent une augmentation rapide et significative de la glycémie (sucreries, pain blanc, pommes de terre, etc.).

Cependant, il est important de noter que l'IG peut varier en fonction de plusieurs facteurs tels que la préparation des aliments, la combinaison des aliments dans un repas, et la façon dont les aliments sont cuits. Cette classification peut être un guide utile pour choisir des aliments qui contribuent à maintenir une glycémie stable, mais d'autres facteurs diététiques doivent également être pris en compte pour une alimentation saine et équilibrée.

Pour plus de détails, voir le **Tableau des Index Glycémiques des aliments courants** en annexe, page 242.

PETITS-DÉJEUNERS REVITALISANTS

# Smoothies et boissons énergisantes

# SMOOTHIE ÉNERGISANT AU CHIA ET AUX BAIES

**PORTIONS**

Pour 2 personnes

**TEMPS DE PRÉPARATION**

10 minutes

**INGRÉDIENTS**

- 2 cuillères à soupe de graines de chia
- 1 tasse de baies mélangées (fraises, framboises, myrtilles)
- 1 banane mûre (IG moyen)
- 1 tasse de lait d'amande non sucré
- 1 cuillère à soupe de beurre d'amande
- 1 cuillère à café de miel ou de sirop d'érable (optionnel, IG bas : modéré)
- Quelques glaçons

**INSTRUCTIONS**

1. Dans un bol, mélangez les graines de chia avec le lait d'amande. Laissez reposer pendant 5 à 10 minutes pour que les graines de chia gonflent et forment un gel.
2. Pendant ce temps, épluchez la banane et coupez-la en morceaux.
3. Dans un blender, ajoutez les baies mélangées, la banane, le beurre d'amande et éventuellement le miel ou le sirop d'érable.
4. Versez le mélange de graines de chia et de lait d'amande dans le blender.
5. Ajoutez quelques glaçons pour obtenir une texture plus fraîche et crémeuse.
6. Mixez le tout jusqu'à obtenir une consistance lisse et homogène.
7. Goûtez et ajustez éventuellement la douceur en ajoutant un peu plus de miel ou de sirop d'érable si nécessaire.

---

Versez le smoothie énergisant au chia et aux baies dans des verres hauts. Décorez le dessus avec quelques baies fraîches ou des feuilles de menthe. Servez avec une paille réutilisable pour une présentation élégante.

# SMOOTHIE VERT RAFRAÎCHISSANT

**PORTIONS**

Pour 2 personnes

**TEMPS DE PRÉPARATION**

7 minutes

**INGRÉDIENTS**

- 2 tasses de bébés épinards frais
- 1 avocat mûr
- ½ concombre
- 1 pomme verte, épépinée et coupée en morceaux
- ½ citron, jus fraîchement pressé
- 1 tasse d'eau de coco non sucrée
- Quelques glaçons

**INSTRUCTIONS**

1. Lavez soigneusement les bébés épinards et le concombre. Épluchez l'avocat et retirez le noyau. Coupez tous les ingrédients en morceaux pour faciliter le mixage.
2. Dans un blender, ajoutez les bébés épinards, l'avocat, le concombre, la pomme verte coupée, le jus de citron et l'eau de coco.
3. Ajoutez quelques glaçons pour obtenir une consistance plus froide et rafraîchissante.
4. Mixez tous les ingrédients jusqu'à obtenir une texture lisse et crémeuse.

Servez le smoothie vert rafraîchissant dans des verres à smoothie. Vous pouvez décorer le bord des verres avec une tranche de concombre ou une feuille de menthe pour une touche visuelle. Pour une présentation encore plus élégante, utilisez des pailles réutilisables.

# SMOOTHIE VITALITÉ MATINALE

**PORTIONS**

Pour 2 personnes

**TEMPS DE PRÉPARATION**

5 minutes

**INGRÉDIENTS**

- 2 oranges pelées et coupées en quartiers (IG : 40)
- 1 banane mûre (IG : 51)
- 1 tasse de jeunes pousses d'épinards
- 1 cuillère à soupe de graines de lin moulues
- 1 tasse d'eau de coco
- Quelques glaçons (facultatif)

**INSTRUCTIONS**

1. Placer les quartiers d'orange, la banane, les pousses d'épinards et les graines de lin dans un mixeur.
2. Verser l'eau de coco dans le mixeur.
3. Ajouter des glaçons si vous préférez une texture plus froide.
4. Mixer le tout jusqu'à obtention d'une consistance lisse.

> Servez le smoothie aux baies et à l'avoine dans des verres à smoothie décorés avec des baies fraîches sur le rebord du verre. Vous pouvez saupoudrer une pincée de flocons d'avoine sur le dessus pour une présentation rustique.

# SMOOTHIE PROTÉINÉ AU BEURRE D'AMANDE

**PORTIONS**

Pour 2 personnes

**TEMPS DE PRÉPARATION**

5 minutes

**INGRÉDIENTS**

- 2 cuillères à soupe de protéine végétale en poudre non sucrée
- 2 cuillères à soupe de beurre d'amande
- 1 banane mûre (IG moyen)
- 1 tasse de lait d'amande non sucré
- 1 tasse d'épinards frais
- 1 cuillère à café de cannelle en poudre
- Quelques glaçons

**INSTRUCTIONS**

1. Dans un blender, mettez la protéine végétale en poudre, le beurre d'amande, la banane, le lait d'amande, les épinards et la cannelle.
2. Ajoutez quelques glaçons pour obtenir une texture plus rafraîchissante.
3. Mixez tous les ingrédients jusqu'à ce que le mélange soit homogène et onctueux.

---

Versez le smoothie protéiné au beurre d'amande dans des verres à smoothie. Saupoudrez légèrement de cannelle sur le dessus pour une touche de couleur et de saveur. Vous pouvez également ajouter quelques amandes effilées pour une présentation croquante.

# SMOOTHIE COCO-BANANE ANTIOXYDANT

**PORTIONS**

Pour 2 personnes

**TEMPS DE PRÉPARATION**

7 minutes

**INGRÉDIENTS**

- 1 banane mûre (IG moyen)
- 1 tasse de lait de coco non sucré
- 1 tasse de jeunes épinards
- ½ tasse d'ananas frais ou surgelé en morceaux
- 1 cuillère à soupe de graines de chanvre
- 1 cuillère à soupe de noix de coco râpée non sucrée
- Quelques glaçons

**INSTRUCTIONS**

1. Dans un blender, mettez la banane, le lait de coco, les jeunes épinards, l'ananas, les graines de chanvre et la noix de coco râpée.
2. Ajoutez quelques glaçons pour obtenir une texture plus fraîche.
3. Mixez tous les ingrédients jusqu'à obtention d'un mélange onctueux et homogène.

> Versez le smoothie coco-banane antioxydant dans des verres à smoothie. Garnissez le dessus du smoothie avec un peu de noix de coco râpée ou quelques morceaux d'ananas pour une présentation tropicale.

# SMOOTHIE VERT DÉTOXIFIANT

### PORTIONS

Pour 2 personnes

### TEMPS DE PRÉPARATION

8 minutes

### INGRÉDIENTS

- ✔ 2 tasses de chou frisé ou de kale
- ✔ 1 pomme verte, épépinée et coupée en morceaux
- ✔ 1 concombre moyen, pelé et coupé en morceaux
- ✔ 1 tige de céleri, coupée en morceaux
- ✔ ½ citron, jus fraîchement pressé
- ✔ 1 morceau de gingembre frais de 1 pouce, pelé et haché
- ✔ 1 tasse d'eau de coco non sucrée
- ✔ Quelques glaçons

### INSTRUCTIONS

1. Lavez soigneusement le chou frisé ou le kale, la pomme, le concombre et le céleri.
2. Dans un blender, mettez le chou frisé ou le kale, la pomme verte, le concombre, le céleri, le jus de citron, le gingembre frais et l'eau de coco.
3. Ajoutez quelques glaçons pour une texture plus fraîche.
4. Mixez tous les ingrédients jusqu'à l'obtention d'une consistance lisse et crémeuse.

> Servez le smoothie vert détoxifiant dans des verres à smoothie. Décorez éventuellement avec une tranche de concombre ou une feuille de chou frisé pour une présentation esthétique.

# SMOOTHIE MÛRES ET MENTHE FRAÎCHE

**PORTIONS**

Pour 2 personnes

**TEMPS DE PRÉPARATION**

5 minutes

**INGRÉDIENTS**

- 2 tasses de mûres fraîches ou surgelées
- ½ tasse de yaourt grec nature
- 1 tasse de lait d'amande non sucré
- Quelques feuilles de menthe fraîche
- 1 cuillère à soupe de graines de chia
- 1 cuillère à soupe de miel ou sirop d'érable (optionnel, IG bas : modéré)
- Quelques glaçons

**INSTRUCTIONS**

1. Dans un blender, ajoutez les mûres, le yaourt grec, le lait d'amande et les feuilles de menthe fraîche.
2. Ajoutez les graines de chia pour une touche de texture et de nutriments supplémentaires.
3. Si désiré, ajoutez le miel ou le sirop d'érable pour plus de douceur.
4. Incorporer quelques glaçons pour obtenir une consistance rafraîchissante.
5. Mixez le tout jusqu'à obtention d'une texture lisse et crémeuse.

---

Versez le smoothie mûres et menthe fraîche dans des verres à smoothie. Décorez avec quelques mûres fraîches sur le dessus et une feuille de menthe pour une présentation colorée et aromatique.

# SMOOTHIE AVOINE ET FRUITS ROUGES

**PORTIONS**

Pour 2 personnes

**TEMPS DE PRÉPARATION**

7 minutes

**INGRÉDIENTS**

- 1 tasse de lait d'amande non sucré
- ½ tasse de flocons d'avoine
- 1 tasse de fruits rouges mélangés (fraises, framboises, myrtilles)
- 1 banane mûre (IG moyen)
- 1 cuillère à soupe de graines de lin moulues
- 1 cuillère à soupe de miel ou sirop d'érable (optionnel, IG bas : modéré)
- Quelques glaçons

**INSTRUCTIONS**

1. Dans un blender, versez le lait d'amande et les flocons d'avoine. Laissez-les tremper pendant quelques minutes pour ramollir les flocons.
2. Ajoutez les fruits rouges, la banane, les graines de lin moulues et éventuellement le miel ou le sirop d'érable.
3. Ajoutez quelques glaçons pour une texture plus fraîche.
4. Mixez tous les ingrédients jusqu'à obtention d'une consistance lisse et crémeuse.

> Servez le smoothie avoine et fruits rouges dans des verres à smoothie. Décorez avec quelques fruits rouges sur le bord du verre ou une pincée de flocons d'avoine sur le dessus pour une présentation visuellement attrayante.

PETITS-DÉJEUNERS REVITALISANTS

# Bowls de fruits et céréales complètes

# BOWL ÉNERGÉTIQUE AUX FRUITS ET QUINOA

**PORTIONS**

Pour 2 personnes

**TEMPS DE PRÉPARATION**

15 minutes

**TEMPS DE CUISSON**

15 minutes

**INGRÉDIENTS**

- 1 tasse de quinoa cuit
- 1 banane mûre (IG moyen)
- 1 tasse de fraises coupées en quartiers
- ½ tasse de myrtilles fraîches
- 2 cuillères à soupe de graines de chia
- 2 cuillères à soupe de noix concassées
- 1 cuillère à soupe de sirop d'érable ou de miel (optionnel, IG bas : modéré)
- Yaourt grec nature pour garnir

**INSTRUCTIONS**

1. Faites cuire le quinoa selon les instructions sur l'emballage. Laissez refroidir.
2. Dans deux bols, répartissez le quinoa cuit.
3. Ajoutez les quartiers de banane, les fraises coupées, les myrtilles et les graines de chia sur le dessus du quinoa.
4. Parsemez de noix concassées et arrosez avec du sirop d'érable ou du miel si vous souhaitez ajouter une touche sucrée.
5. Garnissez avec une cuillère de yaourt grec sur le dessus pour un supplément de crémeux et de protéines.

> Présentez le bowl énergétique aux fruits et quinoa joliment dans des bols. Pour une touche visuelle, disposez harmonieusement les fruits et les graines sur le dessus. Vous pouvez saupoudrer légèrement de noix concassées supplémentaires pour une présentation croustillante et appétissante.

# BOWL FRUITS & CÉRÉALES COMPLÈTES

**PORTIONS**

Pour 2 personnes

**TEMPS DE PRÉPARATION**

10 minutes

**INGRÉDIENTS**

- 1 tasse de yaourt grec nature
- 1 banane mûre, coupée en rondelles
- 1 tasse de fraises fraîches, coupées en morceaux
- ½ tasse de flocons d'avoine
- 2 cuillères à soupe de graines de chia
- 2 cuillères à soupe de graines de courge
- Quelques noix ou amandes concassées
- 1 cuillère à soupe de miel ou sirop d'érable (IG bas, facultatif)
- Quelques feuilles de menthe pour la garniture (facultatif)

**INSTRUCTIONS**

1. Dans deux bols, répartissez le yaourt grec.
2. Ajoutez les rondelles de banane et les morceaux de fraises sur le yaourt dans chaque bol.
3. Saupoudrez uniformément les flocons d'avoine, les graines de chia et les graines de courge sur les fruits.
4. Si désiré, arrosez d'une cuillère à soupe de miel ou de sirop d'érable pour sucrer légèrement.
5. Parsemez de noix ou d'amandes concassées pour plus de croquant.
6. Garnissez éventuellement de feuilles de menthe pour une touche de fraîcheur.

---

Servez ces bowls de fruits et céréales complètes frais et colorés. Présentez-les joliment avec une disposition soignée des ingrédients pour mettre en valeur les différentes couches. Vous pouvez également proposer quelques tranches de fruits supplémentaires sur le dessus pour une présentation plus élaborée.

# BOWL RICHE EN FIBRES AUX FLOCONS D'AVOINE ET FRUITS

**PORTIONS**

Pour 2 personnes

**TEMPS DE PRÉPARATION**

10 minutes

**INGRÉDIENTS**

- 1 tasse de flocons d'avoine cuits
- 1 banane mûre (IG moyen)
- ½ tasse de baies mélangées (fraises, framboises, myrtilles)
- ¼ tasse de graines de grenade
- 2 cuillères à soupe de noix concassées
- 1 cuillère à soupe de graines de tournesol
- 1 cuillère à soupe de sirop d'érable ou de miel (optionnel, IG bas : modéré)
- Yaourt végétal pour garnir

**INSTRUCTIONS**

1. Répartissez les flocons d'avoine cuits dans deux bols à petit-déjeuner.
2. Coupez la banane en rondelles et disposez-la sur les flocons d'avoine dans les bols.
3. Ajoutez les baies mélangées et les graines de grenade par-dessus les flocons d'avoine et la banane.
4. Saupoudrez de noix concassées et de graines de tournesol sur les fruits.
5. Arrosez avec du sirop d'érable ou du miel pour une douceur supplémentaire si désiré.
6. Garnissez chaque bol avec une cuillère de yaourt végétal pour une texture crémeuse.

---

Présentez les bols riches en fibres aux flocons d'avoine et fruits joliment sur une table. Arrangez les fruits et les graines de manière esthétique pour une présentation colorée et appétissante. Ajoutez une touche finale en saupoudrant quelques graines de tournesol supplémentaires sur le dessus.

# BOWL FRAÎCHEUR AUX FRUITS ET ORGE

**PORTIONS**

Pour 2 personnes

**TEMPS DE PRÉPARATION**

15 minutes

**INGRÉDIENTS**

- 1 tasse d'orge cuite
- 1 banane mûre (IG moyen)
- 1 tasse de dés d'ananas frais
- ½ tasse de rondelles de kiwi
- 2 cuillères à soupe de graines de pavot
- 2 cuillères à soupe de noix de cajou concassées
- 1 cuillère à soupe de sirop d'agave ou de miel (optionnel, IG bas : modéré)
- Yaourt végétal pour garnir

**INSTRUCTIONS**

1. Répartissez l'orge cuite dans deux bols.
2. Coupez la banane en rondelles et disposez-la sur l'orge dans les bols.
3. Répartissez les dés d'ananas et les rondelles de kiwi sur l'orge et la banane.
4. Saupoudrez de graines de pavot et de noix de cajou concassées sur les fruits.
5. Ajoutez du sirop d'agave ou du miel pour sucrer légèrement si vous le souhaitez.
6. Garnissez chaque bol d'une cuillère de yaourt végétal pour une touche crémeuse.

---

Présentez les bols fraîcheur aux fruits et orge de manière attrayante sur une table. Disposez les fruits et les graines de façon harmonieuse pour une présentation visuellement agréable. Vous pouvez saupoudrer légèrement de graines de pavot supplémentaires pour une touche de texture.

# BOWL VITALITÉ AU MILLET ET FRUITS

**PORTIONS**

Pour 2 personnes

**TEMPS DE PRÉPARATION**

20 minutes

**INGRÉDIENTS**

- 1 tasse de millet cuit
- 1 banane mûre (IG moyen)
- 1 tasse de dés de mangue fraîche
- ½ tasse de tranches de fraises
- 2 cuillères à soupe de graines de sésame
- 2 cuillères à soupe de noix de pécan concassées
- 1 cuillère à soupe de sirop d'érable ou de miel (optionnel, IG bas : modéré)
- Yaourt végétal pour garnir

**INSTRUCTIONS**

1. Répartissez le millet cuit dans deux bols.
2. Coupez la banane en rondelles et disposez-la sur le millet dans les bols.
3. Répartissez les dés de mangue et les tranches de fraises sur le millet et la banane.
4. Saupoudrez de graines de sésame et de noix de pécan concassées sur les fruits.
5. Ajoutez un filet de sirop d'érable ou de miel pour une douceur supplémentaire si désiré.
6. Garnissez chaque bol avec une cuillère de yaourt végétal pour une texture crémeuse.

Présentez les bols de vitalité au millet et fruits de manière artistique sur une table. Arrangez les fruits et les graines pour une esthétique attrayante. Pour une touche finale, saupoudrez légèrement de graines de sésame supplémentaires sur le dessus.

# BOWL ANTIOXYDANT AUX BAIES ET QUINOA

**PORTIONS**

Pour 2 personnes

**TEMPS DE PRÉPARATION**

15 minutes

**INGRÉDIENTS**

- 1 tasse de quinoa cuit
- 1 banane mûre (IG moyen)
- 1 tasse de myrtilles fraîches
- ½ tasse de framboises fraîches
- 2 cuillères à soupe de graines de grenade
- 2 cuillères à soupe d'amandes effilées
- 1 cuillère à soupe de sirop d'érable ou de miel (optionnel, IG bas : modéré)
- Yaourt végétal pour garnir

**INSTRUCTIONS**

1. Répartissez le quinoa cuit dans deux bols.
2. Coupez la banane en rondelles et disposez-la sur le quinoa dans les bols.
3. Répartissez les myrtilles et les framboises sur le quinoa et la banane.
4. Saupoudrez de graines de grenade et d'amandes effilées sur les fruits.
5. Ajoutez un filet de sirop d'érable ou de miel pour une touche sucrée si désiré.
6. Garnissez chaque bol d'une cuillère de yaourt végétal pour une texture crémeuse.

---

Présentez les bols antioxydants aux baies et quinoa de manière soignée sur une table. Arrangez les fruits et les graines pour une présentation visuellement attrayante. Pour une touche finale, saupoudrez légèrement d'amandes effilées supplémentaires sur le dessus.

# BOWL ÉNERGÉTIQUE FRUITS ET MUESLI

**PORTIONS**

Pour 2 personnes

**TEMPS DE PRÉPARATION**

10 minutes

**INGRÉDIENTS**

- 1 tasse de yaourt grec nature
- 1 pomme verte, coupée en dés
- 1 tasse de baies mélangées (fraises, myrtilles, framboises – IG bas)
- ½ tasse de muesli sans sucre ajouté
- 2 cuillères à soupe de graines de lin
- 2 cuillères à soupe d'amandes effilées
- 1 cuillère à soupe de miel ou sirop d'érable (IG bas, facultatif)
- Quelques feuilles de basilic frais pour la garniture (facultatif)

**INSTRUCTIONS**

1. Répartissez le yaourt grec dans deux bols.
2. Disposez les dés de pomme verte et les baies mélangées sur le yaourt dans chaque bol.
3. Saupoudrez le muesli sur les fruits dans les bols.
4. Ajoutez les graines de lin et les amandes effilées pour apporter une texture croquante.
5. Si désiré, arrosez d'une cuillère à soupe de miel ou de sirop d'érable pour sucrer légèrement.
6. Garnissez éventuellement de quelques feuilles de basilic frais pour une touche aromatique.

> Présentez ces bowls énergétiques de fruits et muesli avec une disposition artistique des ingrédients pour mettre en valeur chaque couche. Vous pouvez également ajouter quelques morceaux de fruits supplémentaires sur le dessus pour une présentation plus élaborée.

PETITS-DÉJEUNERS REVITALISANTS

# Alternatives végétales aux produits laitiers

# YAOURT VÉGÉTAL À LA VANILLE ET AUX AMANDES

**PORTIONS**

Pour 4 personnes

**TEMPS DE PRÉPARATION**

10 minutes

**INGRÉDIENTS**

- 2 tasses de lait d'amande non sucré
- 1 tasse de crème d'amande
- 2 cuillères à soupe de sirop d'érable ou d'agave (optionnel, IG bas : modéré)
- 1 gousse de vanille ou 1 cuillère à café d'extrait de vanille
- 1 cuillère à soupe de graines de chia
- Fruits frais pour garnir (fraises, myrtilles, etc.)

**INSTRUCTIONS**

1. Dans un bol, mélangez le lait d'amande et la crème d'amande.
2. Si vous utilisez une gousse de vanille, fendez-la et grattez les graines. Ajoutez les graines de vanille ou l'extrait de vanille au mélange.
3. Ajoutez les graines de chia pour épaissir le mélange. Mélangez bien.
4. Si vous souhaitez un yaourt légèrement sucré, incorporez le sirop d'érable ou d'agave selon votre goût.
5. Répartissez le mélange dans des bols ou des pots individuels.
6. Laissez reposer au réfrigérateur pendant au moins 2 heures pour que les graines de chia épaississent le yaourt.
7. Au moment de servir, garnissez avec des fruits frais.

> Servez le yaourt végétal à la vanille et aux amandes dans des bols individuels. Garnissez avec une poignée de fruits frais sur le dessus pour un contraste de couleurs et de saveurs. Vous pouvez également saupoudrer légèrement de graines de chia ou d'amandes effilées pour une présentation texturée.

# FROMAGE VÉGÉTAL AU TOFU ET HERBES FRAÎCHES

**PORTIONS**

Pour 4 personnes

**TEMPS DE PRÉPARATION**

15 minutes

**INGRÉDIENTS**

- 400 g de tofu ferme égoutté
- Le jus d'un demi-citron
- 2 cuillères à soupe de levure nutritionnelle
- 1 cuillère à café d'ail en poudre
- 1 cuillère à café d'oignon en poudre
- 1 cuillère à soupe d'herbes fraîches hachées (persil, ciboulette, basilic)
- Sel et poivre au goût

**INSTRUCTIONS**

1. Égouttez le tofu pour en retirer l'excès d'eau. Placez-le dans un mixeur ou un robot culinaire.
2. Ajoutez le jus de citron, la levure nutritionnelle, l'ail en poudre, l'oignon en poudre, les herbes fraîches hachées, le sel et le poivre.
3. Mixez tous les ingrédients jusqu'à obtenir une consistance lisse et crémeuse, en raclant les côtés si nécessaire pour bien mélanger.
4. Goûtez et ajustez les assaisonnements selon votre préférence.
5. Transférez le mélange dans un bol ou des ramequins pour servir.

> Servez le fromage végétal au tofu et aux herbes fraîches dans des ramequins individuels. Décorez avec quelques herbes fraîches supplémentaires sur le dessus pour une présentation colorée. Accompagnez-le de tranches de pain complet ou de légumes frais pour tartiner.

Petits-déjeuners revitalisants > Alternatives végétales aux produits laitiers | 49

# YAOURT DE NOIX DE CAJOU ET FRUITS DES BOIS

**PORTIONS**

Pour 4 personnes

**TEMPS DE PRÉPARATION**

10 minutes
(+ temps de trempage)

**INGRÉDIENTS**

- 1 tasse de noix de cajou crues (trempées pendant au moins 4 heures)
- 1 tasse d'eau filtrée
- 1 cuillère à soupe de sirop d'érable ou d'agave (optionnel, IG bas : modéré)
- 1 cuillère à café d'extrait de vanille
- 1 tasse de fruits des bois mélangés (fraises, myrtilles, framboises)

**INSTRUCTIONS**

1. Après avoir trempé les noix de cajou, égouttez-les et rincez-les soigneusement.
2. Dans un mixeur puissant, combinez les noix de cajou égouttées, l'eau filtrée, le sirop d'érable ou d'agave (si utilisé) et l'extrait de vanille.
3. Mixez jusqu'à obtenir un mélange lisse et crémeux, en raclant éventuellement les parois du mixeur pour bien mélanger.
4. Répartissez le yaourt de noix de cajou dans des bols ou des coupelles individuelles.
5. Garnissez avec les fruits des bois mélangés.

---

Servez le yaourt de noix de cajou et fruits des bois dans des coupelles individuelles. Disposez joliment les fruits des bois sur le dessus pour une présentation colorée et appétissante. Saupoudrez éventuellement de quelques noix de cajou concassées pour une touche croquante.

# FROMAGE BLANC VÉGÉTAL AU YAOURT DE SOJA

**PORTIONS**

Pour 4 personnes

**TEMPS DE PRÉPARATION**

10 minutes (+ temps de repos)

**INGRÉDIENTS**

- 500 g de yaourt de soja nature non sucré
- Le jus d'un demi-citron
- 1 cuillère à soupe de vinaigre de cidre
- 1 cuillère à soupe de levure nutritionnelle
- 1 pincée de sel

**INSTRUCTIONS**

1. Dans un bol, mélangez le yaourt de soja avec le jus de citron, le vinaigre de cidre, la levure nutritionnelle et le sel.
2. Mélangez bien tous les ingrédients jusqu'à obtenir une consistance lisse et homogène.
3. Laissez reposer le mélange au réfrigérateur pendant au moins 2 heures pour permettre aux saveurs de se développer.

---

Servez le fromage blanc végétal au yaourt de soja dans des bols individuels ou dans un plat de service. Vous pouvez l'accompagner de fruits frais, de fruits secs ou de noix pour une présentation variée et colorée.

# CRÈME FOUETTÉE COCO-VANILLE

**PORTIONS**

Pour 4 personnes

**TEMPS DE PRÉPARATION**

10 minutes
(+ temps de réfrigération)

**INGRÉDIENTS**

- 1 boîte de lait de coco, réfrigérée pendant au moins 8 heures
- 1 cuillère à soupe de sirop d'érable ou d'agave (optionnel, IG bas : modéré)
- 1 cuillère à café d'extrait de vanille

**INSTRUCTIONS**

1. Placez la boîte de lait de coco au réfrigérateur pendant au moins 8 heures ou toute une nuit.
2. Sortez la boîte de lait de coco réfrigérée du frigo. Attention, ne secouez pas la boîte.
3. Ouvrez la boîte et retirez délicatement la partie solide du lait de coco qui s'est séparée du liquide.
4. Placez cette partie solide de lait de coco dans un bol.
5. Ajoutez le sirop d'érable ou d'agave (si utilisé) et l'extrait de vanille.
6. À l'aide d'un batteur électrique, fouettez le mélange jusqu'à obtenir une consistance crémeuse.
7. Réfrigérez la crème fouettée pendant environ 30 minutes avant de servir.

> Servez la crème fouettée coco-vanille dans des bols ou des coupelles individuelles. Utilisez-la pour accompagner des fruits frais ou des desserts pour un ajout crémeux et parfumé.

PETITS-DÉJEUNERS REVITALISANTS

# Créations à base de graines et fruits à coque

# MÉLANGE CROQUANT DE GRANOLA AUX NOIX ET FRUITS

**PORTIONS**

Pour 6 personnes

**TEMPS DE PRÉPARATION**

10 minutes

**TEMPS DE CUISSON**

25 minutes

**INGRÉDIENTS**

- 2 tasses de flocons d'avoine
- ½ tasse d'amandes effilées
- ½ tasse de noix de cajou concassées
- ¼ tasse de graines de tournesol
- ¼ tasse de graines de citrouille
- ¼ tasse de sirop d'érable ou d'agave (IG bas : modéré)
- 2 cuillères à soupe d'huile de coco
- ½ tasse de cranberries séchées
- ½ tasse de raisins secs
- 1 cuillère à café d'extrait de vanille

**INSTRUCTIONS**

1. Préchauffez votre four à 160 °C (320 °F) et tapissez une plaque de cuisson de papier sulfurisé.
2. Dans un grand bol, mélangez les flocons d'avoine, les amandes effilées, les noix de cajou, les graines de tournesol et les graines de citrouille.
3. Dans une casserole, faites chauffer le sirop d'érable ou d'agave avec l'huile de coco et l'extrait de vanille jusqu'à ce que le mélange soit liquide.
4. Versez le mélange liquide sur les ingrédients secs et mélangez bien pour enrober uniformément.
5. Étalez le mélange sur la plaque de cuisson préparée et enfournez pendant 25 minutes, en remuant délicatement à mi-cuisson pour une dorure uniforme.
6. Une fois doré et croustillant, sortez du four et laissez refroidir.
7. Ajoutez les cranberries séchées et les raisins secs au mélange refroidi.

> Servez ce granola maison dans des bols individuels ou des bocaux en verre pour un petit-déjeuner pratique. Accompagnez-le de yaourt végétal ou de lait végétal pour un petit-déjeuner croquant et énergétique.

Petits-déjeuners revitalisants > **Créations à base de graines et fruits à coque** | 59

# BARRES ÉNERGÉTIQUES AUX NOIX ET FRUITS SÉCHÉS

**PORTIONS**

Pour 8 barres

**TEMPS DE PRÉPARATION**

15 minutes

**TEMPS DE CUISSON**

20 minutes

**INGRÉDIENTS**

- 1 tasse de flocons d'avoine
- ½ tasse de noix de coco râpée
- ½ tasse de noix de cajou concassées
- ½ tasse d'amandes effilées
- ½ tasse de graines de tournesol
- ½ tasse de raisins secs
- ½ tasse de dattes dénoyautées
- ¼ tasse de sirop d'érable ou d'agave (IG bas : modéré)
- 2 cuillères à soupe d'huile de coco
- 1 cuillère à café d'extrait de vanille
- Une pincée de sel

**INSTRUCTIONS**

1. Préchauffez votre four à 160 °C (320 °F) et tapissez un moule rectangulaire de papier sulfurisé.
2. Dans un robot culinaire, mélangez les dattes dénoyautées avec le sirop d'érable ou d'agave, l'huile de coco, l'extrait de vanille et une pincée de sel jusqu'à obtenir une pâte lisse.
3. Dans un grand bol, mélangez les flocons d'avoine, la noix de coco râpée, les noix de cajou concassées, les amandes effilées, les graines de tournesol et les raisins secs.
4. Ajoutez la pâte de dattes à ce mélange sec et mélangez jusqu'à ce que tous les ingrédients soient bien combinés.
5. Transférez ce mélange dans le moule rectangulaire et pressez fermement pour bien compacter.
6. Enfournez pendant environ 20 minutes jusqu'à ce que le dessus soit doré.
7. Laissez refroidir complètement avant de découper en barres.

> Disposez les barres énergétiques aux noix et fruits séchés sur une assiette ou un plateau. Elles peuvent être consommées telles quelles ou emballées individuellement pour un petit-déjeuner ou une collation à emporter.

# PORRIDGE CROQUANT AUX NOIX ET GRAINES

**PORTIONS**

Pour 2 personnes

**TEMPS DE PRÉPARATION**

5 minutes

**TEMPS DE CUISSON**

10 minutes

**INGRÉDIENTS**

- 1 tasse de flocons d'avoine
- 2 tasses de lait d'amande non sucré
- ¼ tasse de noix de pécan concassées
- 2 cuillères à soupe de graines de chia
- 2 cuillères à soupe de graines de lin
- 2 cuillères à soupe de graines de courge
- 2 cuillères à soupe de sirop d'érable ou d'agave (IG bas : modéré)
- Fruits frais pour garnir (banane, baies, etc.)

**INSTRUCTIONS**

1. Dans une casserole, portez à ébullition le lait d'amande.
2. Ajoutez les flocons d'avoine et réduisez le feu. Laissez mijoter pendant environ 5 – 7 minutes en remuant régulièrement jusqu'à ce que le porridge épaississe.
3. Pendant ce temps, dans une poêle, faites griller légèrement les noix de pécan concassées, les graines de chia, les graines de lin et les graines de courge à feu doux pendant quelques minutes.
4. Une fois le porridge prêt, retirez-le du feu et ajoutez le sirop d'érable ou d'agave. Mélangez bien.
5. Répartissez le porridge dans des bols.
6. Saupoudrez du mélange de noix et de graines grillées sur le porridge.
7. Garnissez avec des fruits frais.

---

Servez le porridge croquant aux noix et graines dans des bols individuels. Disposez les fruits frais sur le dessus pour ajouter de la fraîcheur et un peu de couleur. Vous pouvez également ajouter une cuillère de yaourt végétal pour une touche crémeuse.

# SMOOTHIE BOWL AUX GRAINES DE CHIA ET NOIX

## PORTIONS

Pour 2 personnes

## TEMPS DE PRÉPARATION

10 minutes

## INGRÉDIENTS

**Pour le smoothie**

- 2 bananes congelées en morceaux (IG moyen)
- 1 tasse de baies mélangées (fraises, myrtilles, framboises)
- 1 tasse de lait d'amande non sucré
- 2 cuillères à soupe de graines de chia
- 2 cuillères à soupe de beurre de noix (amande, cacahuète, etc.)

**Pour la garniture**

- Noix concassées (amandes, noix, noisettes)
- Fruits frais tranchés (banane, kiwi, etc.)
- Flocons de noix de coco râpée
- Graines de courge et de tournesol
- Miel ou sirop d'érable (optionnel, IG bas : modéré)

## INSTRUCTIONS

1. Dans un mixeur, combinez les bananes congelées, les baies mélangées, le lait d'amande, les graines de chia et le beurre de noix. Mixez jusqu'à obtenir un mélange lisse et crémeux.
2. Versez le smoothie dans des bols.
3. Ajoutez les garnitures : répartissez les noix concassées, les tranches de fruits frais, les flocons de noix de coco râpée et les graines de courge et de tournesol sur le smoothie.
4. Pour une touche sucrée supplémentaire, ajoutez un filet de miel ou de sirop d'érable.

> Décorez le smoothie bowl avec soin en disposant artistiquement les différentes garnitures. Alignez les tranches de fruits frais ou saupoudrez uniformément les noix concassées pour une présentation attrayante. Servez immédiatement.

# MUESLI AUX NOIX, GRAINES ET FRUITS SÉCHÉS

**PORTIONS**

Pour 4 personnes

**TEMPS DE PRÉPARATION**

10 minutes

**INGRÉDIENTS**

- 2 tasses de flocons d'avoine
- ½ tasse d'amandes effilées
- ½ tasse de noix de pécan concassées
- ¼ tasse de graines de tournesol
- ¼ tasse de graines de lin
- ¼ tasse de raisins secs
- ¼ tasse de canneberges séchées
- ¼ tasse d'abricots secs coupés en dés
- 2 cuillères à soupe de sirop d'érable ou d'agave (IG bas : modéré)
- 2 cuillères à soupe d'huile de coco
- 1 cuillère à café de cannelle en poudre

**INSTRUCTIONS**

1. Préchauffez votre four à 160 °C (320 °F) et tapissez une plaque de cuisson de papier sulfurisé.
2. Dans un grand bol, mélangez les flocons d'avoine, les amandes effilées, les noix de pécan concassées, les graines de tournesol, les graines de lin, les raisins secs, les canneberges séchées et les abricots secs coupés en dés.
3. Dans une casserole, faites chauffer légèrement le sirop d'érable ou d'agave avec l'huile de coco et la cannelle en poudre jusqu'à ce que le mélange soit liquide.
4. Versez ce mélange liquide sur les ingrédients secs et mélangez bien pour enrober uniformément.
5. Étalez le mélange sur la plaque de cuisson préparée et enfournez pendant 20 – 25 minutes, en remuant délicatement à mi-cuisson pour une dorure uniforme.
6. Une fois doré et croustillant, sortez du four et laissez refroidir complètement avant de transférer dans un bocal hermétique.

> Servez ce muesli aux noix, graines et fruits séchés dans des bols individuels accompagnés de yaourt végétal ou de lait végétal pour un petit-déjeuner croquant et nutritif.

DÉJEUNERS RASSASIANTS

# Salades complètes et rassasiantes

# SALADE DE QUINOA AUX LÉGUMES RÔTIS

**PORTIONS**

Pour 4 personnes

**TEMPS DE PRÉPARATION**

15 minutes

**TEMPS DE CUISSON**

25 minutes

**INGRÉDIENTS**

- 1 tasse de quinoa cru
- 2 tasses d'eau
- 2 courgettes moyennes, coupées en rondelles
- 2 poivrons rouges, coupés en dés
- 1 oignon rouge, émincé
- 2 gousses d'ail, hachées
- 2 cuillères à soupe d'huile d'olive
- Sel et poivre au goût
- 1 avocat, coupé en tranches
- ¼ tasse de tomates cerises, coupées en deux
- ¼ tasse de féta émiettée (optionnel)
- Jus d'un citron
- Feuilles de coriandre fraîche pour garnir

**INSTRUCTIONS**

1. Préchauffez votre four à 200 °C (390 °F).
2. Dans une casserole, rincez le quinoa à l'eau froide. Ajoutez-le à 2 tasses d'eau, portez à ébullition, puis réduisez à feu doux. Laissez mijoter pendant 15 – 20 minutes jusqu'à ce que le quinoa absorbe l'eau. Retirez du feu, couvrez et laissez reposer pendant 5 minutes, puis égrenez avec une fourchette.
3. Pendant ce temps, disposez les rondelles de courgettes, les dés de poivrons rouges, l'oignon émincé et l'ail haché sur une plaque de cuisson. Arrosez d'huile d'olive, salez et poivrez. Faites rôtir au four pendant environ 25 minutes jusqu'à ce que les légumes soient tendres et légèrement dorés.
4. Dans un grand saladier, mélangez le quinoa cuit avec les légumes rôtis.
5. Ajoutez les tranches d'avocat, les tomates cerises et la féta émiettée (si utilisée). Arrosez de jus de citron.
6. Mélangez délicatement et garnissez de feuilles de coriandre fraîche.

> Servez la salade de quinoa aux légumes rôtis dans des bols ou des assiettes individuelles. Pour une touche supplémentaire, saupoudrez de graines de sésame ou de noix concassées sur le dessus. Cette salade se déguste aussi bien tiède que froide, selon vos préférences.

# SALADE MÉDITERRANÉENNE AUX LENTILLES ET LÉGUMES

**PORTIONS**

Pour 4 personnes

**TEMPS DE PRÉPARATION**

15 minutes

**TEMPS DE CUISSON**

25 minutes

**INGRÉDIENTS**

- 1 tasse de lentilles vertes cuites
- 2 courgettes, coupées en dés
- 1 poivron jaune, coupé en dés
- 1 oignon rouge, émincé
- 2 gousses d'ail, hachées
- 2 cuillères à soupe d'huile d'olive
- Sel et poivre au goût
- 100 g de féta émiettée (optionnel, IG bas)
- ¼ tasse de tomates séchées, coupées en morceaux
- Feuilles de basilic frais pour garnir

**INSTRUCTIONS**

1. Faites cuire les lentilles vertes selon les instructions sur l'emballage. Égouttez et réservez.
2. Préchauffez votre four à 200 °C (390 °F).
3. Sur une plaque de cuisson, disposez les dés de courgettes, les dés de poivron jaune, l'oignon émincé et l'ail haché. Arrosez d'huile d'olive, salez et poivrez. Mélangez pour enrober les légumes.
4. Faites rôtir au four pendant environ 20 – 25 minutes jusqu'à ce que les légumes soient tendres et légèrement dorés.
5. Dans un grand saladier, mélangez les lentilles cuites avec les légumes rôtis.
6. Ajoutez la féta émiettée (si utilisée) et les tomates séchées. Mélangez délicatement.
7. Garnissez de feuilles de basilic frais avant de servir.

> Servez cette salade méditerranéenne aux lentilles et légumes dans des assiettes ou des bols individuels. Vous pouvez accompagner cette salade d'une vinaigrette légère à base d'huile d'olive, de citron et de fines herbes pour plus de saveur. Elle est délicieuse en entrée ou en plat principal.

# SALADE DE POIS CHICHES RÔTIS ET LÉGUMES GRILLÉS

## PORTIONS

Pour 4 personnes

## TEMPS DE PRÉPARATION

15 minutes

## TEMPS DE CUISSON

30 minutes

## INGRÉDIENTS

- 2 boîtes de pois chiches égouttés et rincés (IG bas : environ 28)
- 2 poivrons (rouge et jaune), coupés en lanières
- 1 courgette, coupée en rondelles
- 1 aubergine, coupée en dés
- 1 oignon rouge, émincé
- 2 gousses d'ail, émincées
- 4 cuillères à soupe d'huile d'olive
- 1 cuillère à café de paprika
- 1 cuillère à café de cumin en poudre
- Sel et poivre noir moulu
- 200 g de roquette ou de mélange de jeunes pousses

## INSTRUCTIONS

1. Préchauffez le four à 200°C (thermostat 6-7).
2. Dans un grand plat allant au four, mélangez les pois chiches égouttés, les poivrons, la courgette, l'aubergine, l'oignon rouge et l'ail.
3. Arrosez le mélange d'huile d'olive, saupoudrez de paprika, de cumin, de sel et de poivre. Mélangez bien pour enrober tous les légumes.
4. Étalez le mélange sur une plaque de cuisson recouverte de papier sulfurisé et faites cuire au four pendant environ 25-30 minutes jusqu'à ce que les légumes soient tendres et légèrement dorés.
5. Pendant ce temps, disposez la roquette ou le mélange de jeunes pousses dans un grand saladier.
6. Une fois les légumes rôtis prêts, laissez-les refroidir légèrement puis ajoutez-les à la roquette dans le saladier.

> Servez la salade de pois chiches rôtis et légumes grillés dans des bols individuels ou sur des assiettes. Pour une touche finale, vous pouvez parsemer de graines de sésame grillées ou de feuilles de coriandre fraîche. Accompagnez éventuellement d'une vinaigrette légère à base de jus de citron et d'huile d'olive pour encore plus de saveurs.

Déjeuners rassasiants > **Salades complètes et rassasiantes** | **75**

# SALADE DE LENTILLES AUX LÉGUMES CROQUANTS

**PORTIONS**

Pour 4 personnes

**TEMPS DE PRÉPARATION**

15 minutes

**TEMPS DE CUISSON**

25 minutes

**INGRÉDIENTS**

- 1 tasse de lentilles cuites
- 1 concombre, coupé en dés
- 2 carottes, râpées
- 1 poivron rouge, coupé en dés
- 1 oignon rouge, émincé
- ¼ tasse de persil frais haché
- ¼ tasse de vinaigre balsamique
- 3 cuillères à soupe d'huile d'olive
- 1 cuillère à café de moutarde de Dijon
- Sel et poivre au goût
- Graines de sésame pour garnir

**INSTRUCTIONS**

1. Faites cuire les lentilles selon les instructions sur l'emballage. Égouttez-les et laissez-les refroidir.
2. Dans un grand saladier, mélangez les lentilles cuites, le concombre, les carottes râpées, le poivron rouge, l'oignon rouge et le persil.
3. Dans un bol séparé, préparez la vinaigrette en mélangeant le vinaigre balsamique, l'huile d'olive, la moutarde de Dijon, le sel et le poivre.
4. Versez la vinaigrette sur la salade et mélangez doucement pour bien enrober tous les ingrédients.
5. Laissez reposer au réfrigérateur pendant au moins 30 minutes avant de servir pour laisser les saveurs se mélanger.
6. Avant de servir, saupoudrez de graines de sésame pour une touche croquante supplémentaire.

> Présentez cette salade de lentilles aux légumes croquants dans un grand plat de service ou dans des bols individuels. Elle est idéale en tant que plat principal pour un déjeuner nutritif et satisfaisant.

# SALADE DE QUINOA AUX LÉGUMES GRILLÉS

**PORTIONS**

Pour 4 personnes

**TEMPS DE PRÉPARATION**

15 minutes

**TEMPS DE CUISSON**

20 minutes

**INGRÉDIENTS**

- 1 tasse de quinoa cru
- 2 tasses d'eau
- 2 courgettes, coupées en rondelles
- 1 aubergine, coupée en dés
- 1 poivron rouge, coupé en lanières
- 1 oignon rouge, émincé
- 2 cuillères à soupe d'huile d'olive
- Sel et poivre au goût
- ¼ tasse de persil frais haché
- Jus d'un citron
- 2 cuillères à soupe de vinaigre balsamique
- 1 avocat, coupé en tranches
- Graines de courge pour garnir

**INSTRUCTIONS**

1. Rincez le quinoa sous l'eau froide. Dans une casserole, portez 2 tasses d'eau à ébullition. Ajoutez le quinoa, réduisez le feu, couvrez et laissez mijoter pendant 15 minutes. Retirez du feu, laissez reposer 5 minutes à couvert, puis égrenez à l'aide d'une fourchette et laissez refroidir.

2. Préchauffez votre gril ou votre barbecue à feu moyen.

3. Dans un grand bol, mélangez les rondelles de courgettes, les dés d'aubergine, les lanières de poivron rouge, l'oignon rouge émincé avec de l'huile d'olive. Assaisonnez avec du sel et du poivre.

4. Faites griller les légumes sur le gril préchauffé pendant environ 10-15 minutes jusqu'à ce qu'ils soient tendres et marqués par le gril.

5. Dans un grand saladier, combinez le quinoa cuit avec les légumes grillés. Ajoutez le persil frais haché, le jus de citron et le vinaigre balsamique. Mélangez délicatement.

6. Garnissez la salade avec des tranches d'avocat et saupoudrez de graines de courge avant de servir.

> Présentez cette salade de quinoa aux légumes grillés dans un plat de service. Elle peut être servie tiède ou froide, et constitue un déjeuner équilibré et satisfaisant.

# SALADE DE HARICOTS BLANCS ET LÉGUMES GRILLÉS

**PORTIONS**

Pour 4 personnes

**TEMPS DE PRÉPARATION**

15 minutes

**TEMPS DE CUISSON**

20 minutes

**INGRÉDIENTS**

- 2 boîtes de haricots blancs cuits, rincés et égouttés
- 2 courgettes, coupées en rondelles
- 1 poivron jaune, coupé en dés
- 1 oignon rouge, émincé
- 2 cuillères à soupe d'huile d'olive
- Sel et poivre au goût
- 2 cuillères à soupe de vinaigre balsamique
- 1 cuillère à soupe de miel ou sirop d'agave (IG bas : modéré)
- 1 gousse d'ail, hachée
- ¼ tasse de persil frais haché
- Feuilles de basilic frais pour garnir

**INSTRUCTIONS**

1. Préchauffez votre gril ou votre barbecue à feu moyen.
2. Dans un grand bol, mélangez les rondelles de courgettes, les dés de poivron jaune, l'oignon rouge émincé avec de l'huile d'olive. Assaisonnez avec du sel et du poivre.
3. Faites griller les légumes sur le gril préchauffé pendant environ 10 – 15 minutes jusqu'à ce qu'ils soient tendres et légèrement dorés. Retirez du grill et laissez refroidir.
4. Dans un saladier, mélangez les haricots blancs cuits avec les légumes grillés.
5. Dans un petit bol, préparez la vinaigrette en mélangeant le vinaigre balsamique, le miel ou le sirop d'agave, l'ail haché, le sel et le poivre.
6. Versez la vinaigrette sur la salade et mélangez délicatement pour bien enrober tous les ingrédients.
7. Garnissez de persil frais haché et de feuilles de basilic avant de servir.

> Servez cette salade de haricots blancs et légumes grillés dans un grand plat de service. Elle est parfaite en tant que plat principal pour un déjeuner sain et équilibré.

# SALADE DE QUINOA AUX LÉGUMES CROQUANTS

**PORTIONS**

Pour 4 personnes

**TEMPS DE PRÉPARATION**

15 minutes

**INGRÉDIENTS**

- 1 tasse de quinoa cru
- 2 tasses d'eau
- 1 concombre, coupé en dés
- 2 tomates, coupées en dés
- 1 poivron rouge, coupé en dés
- 1 oignon rouge, émincé
- ¼ tasse de persil frais haché
- ¼ tasse de jus de citron frais
- 3 cuillères à soupe d'huile d'olive
- Sel et poivre au goût
- Graines de tournesol pour garnir

**INSTRUCTIONS**

1. Rincez le quinoa sous l'eau froide. Dans une casserole, portez 2 tasses d'eau à ébullition. Ajoutez le quinoa, réduisez le feu, couvrez et laissez mijoter pendant 15 minutes. Retirez du feu, laissez reposer 5 minutes à couvert, puis égrenez à l'aide d'une fourchette et laissez refroidir.
2. Dans un grand saladier, mélangez le quinoa cuit, le concombre, les tomates, le poivron rouge, l'oignon rouge et le persil.
3. Dans un petit bol, préparez la vinaigrette en mélangeant le jus de citron avec l'huile d'olive. Assaisonnez avec du sel et du poivre.
4. Versez la vinaigrette sur la salade et mélangez doucement pour bien enrober tous les ingrédients.
5. Laissez reposer la salade au réfrigérateur pendant environ 30 minutes avant de servir pour laisser les saveurs se mélanger.
6. Avant de servir, garnissez de graines de tournesol pour une touche croquante.

> Servez cette salade de quinoa aux légumes croquants dans des bols ou des assiettes individuelles. Elle constitue un déjeuner léger et équilibré, idéal pour une alimentation à indice glycémique bas.

# SALADE DE RIZ COMPLET AUX LÉGUMES D'ÉTÉ

**PORTIONS**

Pour 4 personnes

**TEMPS DE PRÉPARATION**

15 minutes

**INGRÉDIENTS**

- 1 tasse de riz complet cuit
- 1 courgette, coupée en dés
- 1 poivron rouge, coupé en dés
- 1 poivron jaune, coupé en dés
- 1 oignon rouge, émincé
- 1 tasse de tomates cerises, coupées en deux
- ¼ tasse de basilic frais haché
- 3 cuillères à soupe d'huile d'olive
- 2 cuillères à soupe de vinaigre balsamique
- Sel et poivre au goût
- Fromage de chèvre émietté pour garnir (optionnel, IG bas)

**INSTRUCTIONS**

1. Dans une grande poêle, faites chauffer 1 cuillère à soupe d'huile d'olive à feu moyen. Ajoutez les dés de courgette, les dés de poivron rouge, les dés de poivron jaune et l'oignon rouge émincé. Faites sauter pendant 5 – 7 minutes jusqu'à ce que les légumes soient tendres, mais encore croquants. Retirez du feu et laissez refroidir.
2. Dans un grand saladier, mélangez le riz complet cuit avec les légumes sautés, les tomates cerise et le basilic frais haché.
3. Dans un petit bol, préparez la vinaigrette en mélangeant 2 cuillères à soupe d'huile d'olive avec le vinaigre balsamique. Assaisonnez avec du sel et du poivre.
4. Versez la vinaigrette sur la salade et mélangez délicatement pour bien enrober tous les ingrédients.
5. Si désiré, garnissez la salade de fromage de chèvre émietté avant de servir.

> Servez cette salade de riz complet aux légumes d'été dans des assiettes individuelles ou dans un grand plat de service. Elle constitue un repas léger et équilibré pour un déjeuner à indice glycémique bas, parfait pour les journées chaudes.

DÉJEUNERS RASSASIANTS

# Sandwichs et wraps équilibrés

# SANDWICH AUX LÉGUMES GRILLÉS ET HOUMOUS

**PORTIONS**

Pour 2 sandwiches

**TEMPS DE PRÉPARATION**

15 minutes

**INGRÉDIENTS**

- 4 tranches de pain complet
- 1 courgette, coupée en fines lamelles
- 1 poivron rouge, coupé en lamelles
- 1 oignon rouge, coupé en rondelles
- ½ tasse de houmous
- 2 cuillères à soupe d'huile d'olive
- Sel et poivre au goût
- Feuilles de laitue ou épinards frais

**INSTRUCTIONS**

1. Préchauffez une poêle à feu moyen. Ajoutez 1 cuillère à soupe d'huile d'olive et faites revenir les lamelles de courgette, les lamelles de poivron rouge et les rondelles d'oignon rouge pendant environ 5 – 7 minutes jusqu'à ce qu'ils soient tendres et légèrement dorés. Assaisonnez avec du sel et du poivre. Retirez du feu et réservez.
2. Étalez le houmous sur deux tranches de pain complet.
3. Sur les deux autres tranches de pain, disposez les feuilles de laitue ou d'épinards frais.
4. Répartissez les légumes grillés uniformément sur les tranches de pain garnies de houmous.
5. Refermez les sandwiches avec les tranches de pain garnies de laitue ou d'épinards pour former deux sandwiches.
6. Coupez les sandwiches en deux si désiré et servez.

---

Disposez les sandwiches sur une assiette et accompagnez-les de crudités ou d'une salade verte pour un repas complet et équilibré. Ces sandwiches peuvent également être enveloppés dans du papier parchemin ou du papier d'aluminium pour être emportés facilement lors de déplacements ou pour des déjeuners à l'extérieur.

# SANDWICH AUX LÉGUMES GRILLÉS ET TOFU MARINÉ

**PORTIONS**

Pour 2 sandwiches

**TEMPS DE PRÉPARATION**

20 minutes

**TEMPS DE CUISSON**

10 minutes

**INGRÉDIENTS**

- 4 tranches de pain complet à IG bas
- 200 g de tofu ferme, coupé en tranches
- 1 courgette, coupée en fines lamelles
- 1 poivron rouge, coupé en lanières
- 1 oignon rouge, coupé en rondelles
- 2 cuillères à soupe d'huile d'olive
- 2 cuillères à soupe de sauce soja (faible teneur en sucre)
- 2 cuillères à soupe de vinaigre balsamique
- Quelques feuilles de roquette ou de laitue
- Sel et poivre selon votre goût

**INSTRUCTIONS**

1. Dans un bol, mélangez l'huile d'olive, la sauce soja et le vinaigre balsamique. Faites mariner les tranches de tofu dans ce mélange pendant 10 minutes.
2. Faites chauffer un grill ou une poêle à feu moyen. Faites griller les tranches de tofu mariné pendant environ 3 à 4 minutes de chaque côté jusqu'à ce qu'elles soient dorées. Retirez-les de la poêle et réservez.
3. Utilisez la même poêle ou le grill pour faire griller les lamelles de courgette, les lanières de poivron et les rondelles d'oignon avec un peu d'huile d'olive, jusqu'à ce qu'ils soient tendres et légèrement dorés. Assaisonnez avec du sel et du poivre.
4. Sur deux tranches de pain, disposez les tranches de tofu grillé.
5. Ajoutez les légumes grillés sur le tofu.
6. Garnissez de quelques feuilles de roquette ou de laitue.
7. Recouvrez avec les tranches de pain restantes pour former les sandwiches.

> Servez ces sandwiches avec des quartiers de citron ou une salade fraîche pour un repas équilibré et rassasiant.

# SANDWICH AUX LÉGUMINEUSES ET GUACAMOLE

**PORTIONS**

Pour 2 sandwiches

**TEMPS DE PRÉPARATION**

15 minutes

**INGRÉDIENTS**

- 4 tranches de pain complet à IG bas
- 1 tasse de haricots noirs cuits
- 1 petite tomate, tranchée
- ½ oignon rouge, tranché finement
- 1 avocat mûr
- Jus d'½ citron
- Quelques feuilles de coriandre fraîche
- 1 pincée de piment en flocons (facultatif, IG bas)
- Sel et poivre selon votre goût

**INSTRUCTIONS**

1. Écrasez les haricots noirs dans un bol avec une fourchette. Assaisonnez avec du sel et du poivre selon votre goût.
2. Dans un autre bol, écrasez l'avocat avec le jus de citron pour préparer le guacamole. Ajoutez les feuilles de coriandre hachées, le piment en flocons (si désiré), le sel et le poivre. Mélangez bien.
3. Tartinez généreusement deux tranches de pain avec le mélange de haricots noirs écrasés.
4. Répartissez les tranches de tomate et d'oignon rouge sur le mélange de haricots.
5. Étalez le guacamole sur les deux autres tranches de pain et placez-les délicatement sur les tranches avec les légumes.
6. Coupez les sandwiches en diagonale si désiré.

---

Servez ces sandwiches accompagnés de quelques crudités fraîches, comme des bâtonnets de carotte ou des tranches de concombre. Vous pouvez également les présenter sur une assiette avec une touche de coriandre fraîche pour une belle présentation.

# WRAP PROTÉINÉ AUX HARICOTS NOIRS ET AVOCAT

**PORTIONS**

Pour 2 wraps

**TEMPS DE PRÉPARATION**

15 minutes

**INGRÉDIENTS**

- 4 tortillas de blé complet à faible IG
- 1 avocat mûr
- 1 boîte de haricots noirs cuits et égouttés
- 1 poivron rouge, coupé en lanières fines
- 1 petit oignon rouge, émincé
- ½ tasse de maïs doux en grains
- 1 tomate coupée en dés
- 1 tasse de mélange de laitue ou de jeunes pousses
- Jus de 1 citron vert
- 2 cuillères à soupe de coriandre fraîche hachée
- Sel et poivre noir

**INSTRUCTIONS**

1. Dans un bol, écrasez l'avocat avec le jus de citron vert, la coriandre, du sel et du poivre pour faire une purée d'avocat.
2. Réchauffez les tortillas selon les instructions sur l'emballage.
3. Étalez uniformément la purée d'avocat sur chaque tortilla.
4. Répartissez les haricots noirs égouttés sur la purée d'avocat.
5. Ajoutez les poivrons, l'oignon, le mïs, les dés de tomate et les feuilles de laitue sur la couche de haricots noirs.
6. Assaisonnez avec du sel et du poivre au goût.
7. Roulez les tortillas fermement pour former des wraps. Coupez-les en deux si désiré.

---

Disposez les wraps coupés en biais sur une assiette, côté coupé vers le haut, pour mettre en valeur les couleurs vibrantes des légumes à l'intérieur. Accompagnez-les de quartiers de citron vert pour une touche de fraîcheur supplémentaire. Servez avec une salade verte croquante pour un déjeuner équilibré et rassasiant.

# SANDWICH AUX LÉGUMES RÔTIS ET FROMAGE DE CHÈVRE

**PORTIONS**

Pour 2 sandwiches

**TEMPS DE PRÉPARATION**

20 minutes

**INGRÉDIENTS**

- 4 tranches de pain complet ou aux céréales
- 1 aubergine, coupée en rondelles
- 1 poivron rouge, coupé en lanières
- 1 courgette, coupée en rondelles
- 1 oignon rouge, coupé en rondelles
- 100g de fromage de chèvre frais
- 2 cuillères à soupe d'huile d'olive
- Sel et poivre au goût
- Feuilles de roquette ou de laitue

**INSTRUCTIONS**

1. Préchauffez le four à 200 °C. Disposez les rondelles d'aubergine, les lanières de poivron, les rondelles de courgette et les rondelles d'oignon sur une plaque de cuisson. Arrosez d'huile d'olive, salez et poivrez. Faites rôtir au four pendant 15 – 20 minutes jusqu'à ce que les légumes soient tendres et légèrement dorés. Retirez du four et laissez refroidir légèrement.
2. Sur deux tranches de pain, étalez le fromage de chèvre frais.
3. Disposez les feuilles de roquette ou de laitue sur les deux autres tranches de pain.
4. Répartissez les légumes rôtis sur les tranches de pain garnies de fromage de chèvre.
5. Refermez les sandwiches avec les tranches de pain garnies de roquette ou de laitue pour former deux sandwiches.

---

Servez ces sandwiches aux légumes rôtis et fromage de chèvre coupés en diagonale sur une planche à découper ou dans une assiette. Accompagnez-les de bâtonnets de légumes ou d'une salade verte pour un repas délicieux à indice glycémique bas.

# SANDWICH MÉDITERRANÉEN AUX LÉGUMES GRILLÉS

**PORTIONS**

Pour 2 sandwiches

**TEMPS DE PRÉPARATION**

20 minutes

**INGRÉDIENTS**

- 4 tranches de pain complet ou aux céréales
- 1 aubergine, coupée en rondelles
- 1 poivron jaune, coupé en lanières
- 1 courgette, coupée en rondelles
- 1 oignon rouge, coupé en rondelles
- 2 cuillères à soupe d'huile d'olive
- Sel et poivre au goût
- 4 cuillères à soupe de tapenade d'olives
- Feuilles de basilic frais

**INSTRUCTIONS**

1. Préchauffez une poêle grill ou un gril à feu moyen-élevé. Badigeonnez les rondelles d'aubergine, les lanières de poivron, les rondelles de courgette et les rondelles d'oignon avec de l'huile d'olive. Assaisonnez avec du sel et du poivre.
2. Faites griller les légumes pendant environ 5 – 7 minutes de chaque côté jusqu'à ce qu'ils soient tendres et légèrement dorés. Retirez du feu et laissez refroidir légèrement.
3. Sur deux tranches de pain, étalez généreusement la tapenade d'olives.
4. Disposez les légumes grillés sur les deux autres tranches de pain.
5. Ajoutez quelques feuilles de basilic frais sur les légumes.
6. Refermez les sandwiches pour former deux portions.

---

Servez ces sandwiches méditerranéens aux légumes grillés coupés en diagonale et disposés sur une assiette. Accompagnez-les d'une salade verte ou de quartiers de tomates pour une touche supplémentaire de fraîcheur.

# WRAP AUX CHAMPIGNONS SAUTÉS ET HOUMOUS DE POIS CHICHES

**PORTIONS**

Pour 2 wraps

**TEMPS DE PRÉPARATION**

15 minutes

**TEMPS DE CUISSON**

Cuisson des champignons : 10 minutes

**INGRÉDIENTS**

- 4 tortillas de blé complet à faible IG
- 250g de champignons tranchés
- 2 cuillères à soupe d'huile d'olive
- 2 gousses d'ail émincées
- 1 cuillère à café de thym frais
- Sel et poivre noir

**Pour le houmous**

- 1 boîte de pois chiches cuits et égouttés
- 2 cuillères à soupe de tahini
- Jus de 1 citron
- 2 cuillères à soupe d'huile d'olive
- Sel et poivre noir
- Feuilles de laitue pour garnir

**INSTRUCTIONS**

1. Chauffez une cuillère à soupe d'huile d'olive dans une poêle à feu moyen. Ajoutez les champignons tranchés et faites-les sauter pendant environ 5 minutes jusqu'à ce qu'ils commencent à dorer. Ajoutez l'ail, le thym, du sel et du poivre. Poursuivez la cuisson pendant 3 – 4 minutes jusqu'à ce que les champignons soient tendres. Réservez.

2. Préparez le houmous : dans un mixeur, combinez les pois chiches égouttés, le tahini, le jus de citron, l'huile d'olive, du sel et du poivre. Mixez jusqu'à obtenir une consistance lisse et crémeuse.

3. Réchauffez légèrement les tortillas selon les instructions sur l'emballage.

4. Étalez une couche généreuse de houmous sur chaque tortilla.

5. Répartissez les champignons sautés sur le houmous.

6. Ajoutez des feuilles de laitue pour garnir si désiré.

7. Roulez fermement les tortillas pour former des wraps.

> Disposez les wraps sur une assiette de service et coupez-les en biais pour une présentation soignée. Accompagnez-les de bâtonnets de légumes frais (comme des carottes ou des concombres) et d'une petite portion de houmous supplémentaire pour tremper. Cela crée un déjeuner savoureux et satisfaisant.

DÉJEUNERS RASSASIANTS

# Options de déjeuner à emporter

# SALADE DE QUINOA AUX LÉGUMES POUR DÉJEUNER À EMPORTER

**PORTIONS**

Pour 2 portions

**TEMPS DE PRÉPARATION**

15 minutes

**INGRÉDIENTS**

- 1 tasse de quinoa cru
- 2 tasses d'eau
- ½ concombre, coupé en dés
- 1 tomate, coupée en dés
- ½ poivron rouge, coupé en dés
- ¼ tasse de coriandre fraîche hachée
- Jus de ½ citron
- 2 cuillères à soupe d'huile d'olive
- Sel et poivre au goût
- Graines de tournesol pour garnir

**INSTRUCTIONS**

1. Rincez le quinoa sous l'eau froide. Dans une casserole, portez 2 tasses d'eau à ébullition. Ajoutez le quinoa, réduisez le feu, couvrez et laissez mijoter pendant 15 minutes. Retirez du feu, laissez reposer 5 minutes à couvert, puis égrenez à l'aide d'une fourchette et laissez refroidir.
2. Dans un grand bol, mélangez le quinoa cuit, le concombre, la tomate, le poivron rouge et la coriandre hachée.
3. Préparez la vinaigrette en mélangeant le jus de citron avec l'huile d'olive. Assaisonnez avec du sel et du poivre.
4. Versez la vinaigrette sur la salade et mélangez doucement pour bien enrober tous les ingrédients.
5. Répartissez la salade de quinoa aux légumes dans des contenants hermétiques pour l'emporter.
6. Au moment de servir, saupoudrez de graines de tournesol pour apporter une touche croquante.

> Disposez la salade de quinoa dans des contenants hermétiques individuels pour un déjeuner à emporter pratique. Accompagnez-la de quartiers de citron ou d'une vinaigrette légère pour ceux qui préfèrent un assaisonnement supplémentaire.

# WRAP AUX LÉGUMES CROQUANTS ET TARTINADE DE POIS CHICHES

**PORTIONS**

Pour 2 wraps

**TEMPS DE PRÉPARATION**

15 minutes

**INGRÉDIENTS**

- 2 tortillas de blé complet ou à base de graines
- 1 tasse de pois chiches cuits
- 2 cuillères à soupe de tahini (pâte de sésame, IG bas)
- Jus d'un demi-citron
- 1 petite carotte, coupée en fines lanières
- 1 concombre, coupé en lanières
- ½ poivron rouge, coupé en lanières
- Feuilles de laitue ou épinards frais
- 2 cuillères à soupe d'huile d'olive
- Sel et poivre au goût

**INSTRUCTIONS**

1. Dans un mixeur, mélangez les pois chiches cuits, le tahini, le jus de citron, 1 cuillère à soupe d'huile d'olive, du sel et du poivre jusqu'à obtenir une tartinade onctueuse.
2. Étalez la tartinade de pois chiches sur les tortillas.
3. Disposez les feuilles de laitue ou d'épinards sur la tartinade.
4. Répartissez les lanières de carotte, de concombre et de poivron sur les feuilles de laitue ou d'épinards.
5. Repliez les côtés des tortillas et roulez-les fermement pour former deux wraps.
6. Coupez les wraps en deux pour une présentation pratique et emportez-les dans du papier d'aluminium ou des contenants hermétiques pour le déjeuner.

> Emballez individuellement les wraps dans du papier d'aluminium ou mettez-les dans des contenants hermétiques pour les transporter facilement. Accompagnez-les de bâtonnets de légumes supplémentaires ou de quartiers de citron pour une variété de saveurs et de textures lors du déjeuner.

# SALADE DE LENTILLES ET LÉGUMES POUR DÉJEUNER NOMADE

**PORTIONS**

Pour 2 portions

**TEMPS DE PRÉPARATION**

15 minutes

**INGRÉDIENTS**

- 1 tasse de lentilles cuites
- 1 tomate, coupée en dés
- ½ concombre, coupé en dés
- 1 poivron rouge, coupé en dés
- 1 carotte, râpée
- 2 cuillères à soupe de vinaigre balsamique
- 2 cuillères à soupe d'huile d'olive
- Sel et poivre au goût
- Feuilles de persil frais hachées

**INSTRUCTIONS**

1. Dans un grand bol, mélangez les lentilles cuites, les dés de tomate, de concombre et de poivron, ainsi que la carotte râpée.
2. Préparez la vinaigrette en mélangeant le vinaigre balsamique avec l'huile d'olive. Assaisonnez avec du sel et du poivre.
3. Versez la vinaigrette sur la salade de lentilles et mélangez doucement pour bien enrober tous les légumes.
4. Parsemez de feuilles de persil hachées pour apporter une fraîcheur supplémentaire.

---

Divisez la salade de lentilles et légumes dans des contenants hermétiques individuels pour un déjeuner pratique à emporter. Cette salade peut être servie froide et se transporte facilement, faisant d'elle une option idéale pour un déjeuner sain et équilibré en déplacement.

# WRAP AUX LÉGUMES GRILLÉS ET FÉTA

**PORTIONS**

Pour 2 wraps

**TEMPS DE PRÉPARATION**

20 minutes

**INGRÉDIENTS**

- 2 tortillas de blé complet ou à base de graines
- 1 courgette, coupée en lanières
- 1 poivron rouge, coupé en lanières
- 1 oignon rouge, émincé
- 100 g de féta émietté
- 2 cuillères à soupe d'huile d'olive
- Sel et poivre au goût
- Feuilles de laitue ou roquette

**INSTRUCTIONS**

1. Préchauffez une poêle ou un gril à feu moyen-élevé. Ajoutez 1 cuillère à soupe d'huile d'olive et faites revenir les lanières de courgette, de poivron rouge et d'oignon rouge émincé pendant 5 à 7 minutes jusqu'à ce qu'ils soient tendres. Assaisonnez avec du sel et du poivre. Réservez.
2. Sur chaque tortilla, répartissez les feuilles de laitue ou de roquette.
3. Répartissez les légumes grillés sur les feuilles de laitue ou de roquette.
4. Saupoudrez la féta émiettée sur les légumes.
5. Repliez les côtés des tortillas et roulez-les fermement pour former deux wraps.
6. Coupez les wraps en deux pour faciliter le transport et emballez-les dans du papier d'aluminium ou placez-les dans des contenants hermétiques pour les emporter.

> Enveloppez chaque moitié de wrap individuellement dans du papier d'aluminium pour une portabilité pratique. Accompagnez-les de quartiers de citron ou de bâtonnets de légumes pour compléter ce déjeuner à emporter.

# SALADE DE QUINOA AUX LÉGUMES ET AVOCAT

**PORTIONS**

Pour 2 portions

**TEMPS DE PRÉPARATION**

20 minutes

**INGRÉDIENTS**

- 1 tasse de quinoa cru
- 2 tasses d'eau
- 1 avocat mûr, coupé en dés
- 1 tomate, coupée en dés
- ½ concombre, coupé en dés
- ¼ tasse de persil frais haché
- Jus de 1 citron
- 2 cuillères à soupe d'huile d'olive
- Sel et poivre au goût
- Optionnel : graines de chia pour garnir

**INSTRUCTIONS**

1. Rincez le quinoa sous l'eau froide. Dans une casserole, portez 2 tasses d'eau à ébullition. Ajoutez le quinoa, réduisez le feu, couvrez et laissez mijoter pendant 15 minutes. Retirez du feu, laissez reposer 5 minutes à couvert, puis égrenez à l'aide d'une fourchette et laissez refroidir.
2. Dans un grand bol, mélangez le quinoa cuit, les dés d'avocat, de tomate et de concombre, ainsi que le persil haché.
3. Préparez la vinaigrette en mélangeant le jus de citron avec l'huile d'olive. Assaisonnez avec du sel et du poivre.
4. Versez la vinaigrette sur la salade de quinoa et mélangez doucement pour bien enrober tous les ingrédients.
5. Parsemez éventuellement de graines de chia pour une touche de croquant et de nutriments supplémentaires.

> Répartissez la salade de quinoa dans des contenants hermétiques pour un déjeuner à emporter. Elle se transporte facilement et constitue une option délicieuse et nutritive. Accompagnez-la d'une tranche de citron pour ceux qui aiment un peu plus d'acidité.

DÉJEUNERS RASSASIANTS

# Plats chauds végétariens pour le déjeuner

# POÊLÉE DE LÉGUMES AU QUINOA

**PORTIONS**

Pour 2 portions

**TEMPS DE PRÉPARATION**

15 minutes

**TEMPS DE CUISSON**

20 minutes

**INGRÉDIENTS**

- 1 tasse de quinoa cru
- 2 tasses d'eau
- 1 courgette, coupée en dés
- 1 poivron rouge, coupé en dés
- 1 oignon, émincé
- 2 gousses d'ail, hachées
- 1 cuillère à soupe d'huile d'olive
- 1 cuillère à café de cumin en poudre
- 1 cuillère à café de paprika
- Sel et poivre au goût
- Feuilles de coriandre fraîche hachée pour garnir

**INSTRUCTIONS**

1. Rincez le quinoa sous l'eau froide. Dans une casserole, portez 2 tasses d'eau à ébullition. Ajoutez le quinoa, réduisez le feu, couvrez et laissez mijoter pendant 15 minutes. Retirez du feu, laissez reposer 5 minutes à couvert, puis égrenez à l'aide d'une fourchette et réservez.
2. Dans une grande poêle, chauffez l'huile d'olive à feu moyen. Ajoutez l'oignon émincé et faites-le revenir pendant 2 – 3 minutes jusqu'à ce qu'il soit translucide.
3. Ajoutez l'ail haché, le poivron rouge et la courgette. Faites sauter pendant environ 5 minutes jusqu'à ce que les légumes soient légèrement tendres.
4. Incorporer le cumin en poudre, le paprika, du sel et du poivre. Mélangez bien pour enrober tous les légumes des épices.
5. Ajoutez le quinoa cuit dans la poêle avec les légumes. Mélangez doucement pour combiner tous les ingrédients et réchauffez pendant 2 – 3 minutes.
6. Servez la poêlée de légumes au quinoa dans des assiettes individuelles et garnissez de coriandre fraîche.

> Présentez la poêlée de légumes au quinoa dans des bols ou des assiettes creuses. Vous pouvez accompagner ce plat d'une tranche de citron ou d'une sauce légère à base de yaourt pour une touche supplémentaire de fraîcheur et de saveur.

# PÂTES AUX LÉGUMES GRILLÉS ET SAUCE TOMATE MAISON

**PORTIONS**

Pour 4 portions

**TEMPS DE PRÉPARATION**

15 minutes

**TEMPS DE CUISSON**

25 minutes

**INGRÉDIENTS**

- 300 g de pâtes complètes
- 2 cuillères à soupe d'huile d'olive
- 1 oignon, haché
- 2 gousses d'ail, émincées
- 2 poivrons (rouge et jaune), coupés en lanières
- 1 courgette, coupée en rondelles
- 400 g de tomates concassées en conserve
- 1 cuillère à café d'origan séché
- Sel et poivre selon votre goût
- Quelques feuilles de basilic frais pour la garniture

**INSTRUCTIONS**

1. Faites cuire les pâtes selon les instructions sur l'emballage dans de l'eau bouillante salée. Égouttez et réservez.
2. Dans une grande poêle, faites chauffer l'huile d'olive à feu moyen. Ajoutez l'oignon et l'ail, faites-les revenir jusqu'à ce qu'ils deviennent translucides.
3. Ajoutez les poivrons et la courgette dans la poêle. Faites sauter pendant environ 5 à 7 minutes jusqu'à ce qu'ils soient tendres mais encore croquants.
4. Incorporer les tomates concassées et l'origan aux légumes. Assaisonnez avec du sel et du poivre. Laissez mijoter pendant 10 minutes à feu doux.
5. Ajoutez les pâtes cuites dans la poêle avec les légumes et la sauce. Mélangez délicatement pour bien enrober les pâtes.
6. Garnissez de feuilles de basilic frais avant de servir.

> Servez ces pâtes aux légumes grillés et sauce tomate maison dans des assiettes creuses, garnies de feuilles de basilic frais. Accompagnez d'une salade verte pour un repas équilibré.

# CURRY DE LÉGUMES ET TOFU

**PORTIONS**

Pour 2 portions

**TEMPS DE PRÉPARATION**

15 minutes

**TEMPS DE CUISSON**

20 minutes

**INGRÉDIENTS**

- 200 g de tofu ferme, coupé en cubes
- 1 cuillère à soupe d'huile de coco
- 1 oignon, émincé
- 2 gousses d'ail, hachées
- 1 cuillère à café de gingembre frais râpé
- 1 poivron rouge, coupé en lanières
- 1 courgette, coupée en dés
- 1 boîte de 400 ml de lait de coco
- 2 cuillères à soupe de pâte de curry
- Sel et poivre au goût
- Feuilles de coriandre fraîche hachée pour garnir

**INSTRUCTIONS**

1. Dans une poêle ou un wok, faites chauffer l'huile de coco à feu moyen. Ajoutez les cubes de tofu et faites-les dorer de tous les côtés pendant environ 5 minutes. Retirez le tofu de la poêle et réservez.
2. Dans la même poêle, ajoutez l'oignon émincé, l'ail haché et le gingembre râpé. Faites revenir pendant 2 – 3 minutes jusqu'à ce qu'ils soient légèrement dorés.
3. Ajoutez les lanières de poivron rouge et les dés de courgette. Faites sauter pendant 5 minutes jusqu'à ce que les légumes soient légèrement tendres.
4. Incorporez la pâte de curry dans les légumes et mélangez bien pour les enrober.
5. Versez le lait de coco dans la poêle et remuez pour combiner tous les ingrédients. Laissez mijoter pendant 5 minutes.
6. Ajoutez les cubes de tofu dorés dans la poêle avec les légumes et laissez mijoter pendant encore 5 minutes.
7. Assaisonnez avec du sel et du poivre selon votre goût.

> Ce curry de légumes et tofu est une combinaison délicieuse et équilibrée à indice glycémique bas. Les saveurs riches et les protéines du tofu en font un plat chaud satisfaisant pour le déjeuner.

Déjeuners rassasiants > **Plats chauds végétariens pour le déjeuner** | 121

# CHILI VÉGÉTARIEN AUX HARICOTS

**PORTIONS**

Pour 4 portions

**TEMPS DE PRÉPARATION**

15 minutes

**TEMPS DE CUISSON**

30 minutes

**INGRÉDIENTS**

- 2 cuillères à soupe d'huile d'olive
- 1 oignon, haché
- 2 gousses d'ail, hachées
- 1 poivron rouge, coupé en dés
- 1 poivron vert, coupé en dés
- 1 carotte, coupée en dés
- 1 boîte de 400 g de haricots rouges cuits, rincés et égouttés
- 1 boîte de 400 g de tomates concassées
- 1 cuillère à soupe de purée de tomate
- 1 cuillère à café de cumin en poudre
- 1 cuillère à café de paprika
- ½ cuillère à café de poudre de chili (ajuster selon votre préférence de piquant)
- Sel et poivre au goût
- Feuilles de coriandre fraîche hachée pour garnir

**INSTRUCTIONS**

1. Dans une grande casserole, faites chauffer l'huile d'olive à feu moyen. Ajoutez l'oignon et faites-le revenir pendant 2 – 3 minutes jusqu'à ce qu'il soit translucide.
2. Ajoutez l'ail haché, les dés de poivrons (rouge et vert) et les dés de carotte. Faites sauter pendant environ 5 minutes jusqu'à ce que les légumes commencent à ramollir.
3. Incorporez les haricots rouges égouttés, les tomates concassées, la pâte de tomate, le cumin en poudre, le paprika, la poudre de chili, du sel et du poivre. Mélangez bien tous les ingrédients.
4. Laissez mijoter à feu doux pendant environ 20 minutes, en remuant occasionnellement, pour permettre aux saveurs de se mélanger et pour que les légumes soient bien cuits.
5. Rectifiez l'assaisonnement au besoin.

> Servez le chili végétarien aux haricots dans des bols individuels, saupoudré de coriandre fraîche hachée. Accompagnez-le de quartiers de citron vert et de quelques tranches d'avocat pour une touche de fraîcheur et de crémeux.

# RATATOUILLE PROVENÇALE

**PORTIONS**

Pour 4 portions

**TEMPS DE PRÉPARATION**

15 minutes

**TEMPS DE CUISSON**

30 minutes

**INGRÉDIENTS**

- 2 cuillères à soupe d'huile d'olive
- 1 oignon, haché
- 2 gousses d'ail, émincées
- 1 aubergine, coupée en dés
- 1 courgette, coupée en dés
- 2 poivrons (rouge et vert), coupés en dés
- 4 tomates, coupées en dés
- 2 cuillères à soupe de concentré de tomates
- 1 cuillère à café d'herbes de Provence
- Sel et poivre selon votre goût
- Quelques feuilles de basilic frais pour la garniture

**INSTRUCTIONS**

1. Dans une grande casserole, faites chauffer l'huile d'olive à feu moyen. Ajoutez l'oignon et l'ail, faites-les revenir jusqu'à ce qu'ils soient translucides.
2. Ajoutez l'aubergine, la courgette et les poivrons dans la casserole. Faites sauter pendant environ 10 minutes jusqu'à ce que les légumes commencent à ramollir.
3. Incorporez les dés de tomates, le concentré de tomates, les herbes de Provence, le sel et le poivre. Mélangez bien.
4. Laissez mijoter à feu doux pendant 20 minutes, en remuant de temps en temps, jusqu'à ce que les légumes soient tendres et que les saveurs se mélangent.
5. Garnissez de feuilles de basilic frais avant de servir.

> Servez cette ratatouille provençale chaude dans des assiettes creuses, accompagnée de pain complet ou de quinoa pour un déjeuner savoureux et riche en légumes à indice glycémique bas.

**DÎNERS SAVOUREUX**

# Plats à base de légumineuses et céréales complètes

# BOWL DE QUINOA ET HARICOTS NOIRS

**PORTIONS**

Pour 2 portions

**TEMPS DE PRÉPARATION**

15 minutes

**TEMPS DE CUISSON**

20 minutes

**INGRÉDIENTS**

- 1 tasse de quinoa cru
- 2 tasses d'eau
- 1 boîte de 400 g de haricots noirs cuits, rincés et égouttés
- 1 avocat, coupé en tranches
- 1 tomate, coupée en dés
- ½ oignon rouge, finement émincé
- Jus d'1 citron vert
- 2 cuillères à soupe d'huile d'olive
- Sel et poivre au goût
- Feuilles de coriandre fraîche hachée pour garnir

**INSTRUCTIONS**

1. Rincez le quinoa sous l'eau froide. Dans une casserole, portez 2 tasses d'eau à ébullition. Ajoutez le quinoa, réduisez le feu, couvrez et laissez mijoter pendant 15 minutes. Retirez du feu, laissez reposer 5 minutes à couvert, puis égrenez à l'aide d'une fourchette et réservez.
2. Dans un bol, mélangez les haricots noirs cuits, les dés de tomate, l'oignon rouge finement émincé, le jus de citron vert et l'huile d'olive. Assaisonnez avec du sel et du poivre.
3. Répartissez le quinoa cuit dans des bols individuels.
4. Disposez le mélange de haricots noirs sur le quinoa.
5. Ajoutez les tranches d'avocat sur le dessus.
6. Garnissez de feuilles de coriandre fraîche hachée.

> Servez ce bowl de quinoa et haricots noirs dans des bols creux pour une présentation agréable. Vous pouvez également ajouter une cuillerée de yaourt grec nature sur le dessus pour une touche crémeuse, ou accompagner le plat avec des quartiers de citron vert pour plus de fraîcheur.

# SALADE DE LENTILLES ET BOULGOUR

**PORTIONS**

Pour 2 portions

**TEMPS DE PRÉPARATION**

15 minutes

**INGRÉDIENTS**

- ½ tasse de lentilles vertes cuites
- ½ tasse de boulgour cuit
- 1 concombre, coupé en dés
- 1 poivron rouge, coupé en dés
- 2 tomates, coupées en dés
- 1 oignon rouge, finement émincé
- Jus de 1 citron
- 2 cuillères à soupe d'huile d'olive
- 1 cuillère à café de cumin en poudre
- Sel et poivre au goût
- Feuilles de menthe fraîche hachée pour garnir

**INSTRUCTIONS**

1. Dans un grand bol, mélangez les lentilles cuites, le boulgour cuit, les dés de concombre, de poivron rouge, de tomate et l'oignon rouge émincé.
2. Préparez la vinaigrette en mélangeant le jus de citron avec l'huile d'olive et le cumin en poudre. Assaisonnez avec du sel et du poivre.
3. Versez la vinaigrette sur la salade et mélangez doucement pour bien enrober tous les ingrédients.
4. Saupoudrez de feuilles de menthe fraîche hachée avant de servir.

> Servez cette salade de lentilles et boulgour dans des assiettes individuelles. Vous pouvez également la présenter dans un grand plat pour que chacun puisse se servir à table. Accompagnez-la éventuellement d'une portion d'avocat en tranches ou de féta émiettée pour plus de saveur et de crémeux.

# POÊLÉE DE POIS CHICHES ET QUINOA

**PORTIONS**

Pour 2 portions

**TEMPS DE PRÉPARATION**

15 minutes

**TEMPS DE CUISSON**

20 minutes

**INGRÉDIENTS**

- 1 tasse de quinoa cru
- 2 tasses d'eau
- 1 boîte de 400g de pois chiches cuits, rincés et égouttés
- 1 poivron jaune, coupé en dés
- 1 courgette, coupée en dés
- 1 oignon, finement émincé
- 2 gousses d'ail, hachées
- 2 cuillères à soupe d'huile d'olive
- 1 cuillère à café de paprika
- 1 cuillère à café de cumin en poudre
- Sel et poivre au goût
- Feuilles de persil frais hachées pour garnir

**INSTRUCTIONS**

1. Rincez le quinoa sous l'eau froide. Dans une casserole, portez 2 tasses d'eau à ébullition. Ajoutez le quinoa, réduisez le feu, couvrez et laissez mijoter pendant 15 minutes. Retirez du feu, laissez reposer 5 minutes à couvert, puis égrenez à l'aide d'une fourchette et réservez.

2. Dans une grande poêle, faites chauffer l'huile d'olive à feu moyen. Ajoutez l'oignon finement émincé et faites-le revenir pendant 2-3 minutes jusqu'à ce qu'il soit translucide.

3. Ajoutez l'ail haché, les dés de poivron jaune et les dés de courgette. Faites sauter pendant 5 minutes jusqu'à ce que les légumes soient légèrement tendres.

4. Incorporez les pois chiches égouttés dans la poêle avec les légumes. Ajoutez le paprika, le cumin, du sel et du poivre. Mélangez bien et laissez cuire pendant 5 minutes.

5. Ajoutez le quinoa cuit dans la poêle avec le mélange de légumes et pois chiches. Mélangez doucement pour combiner tous les ingrédients et réchauffez pendant 2 – 3 minutes.

6. Servez la poêlée de pois chiches et quinoa dans des assiettes individuelles. Garnissez de feuilles de persil frais hachées avant de servir.

> Présentez cette poêlée de pois chiches et quinoa dans des bols ou des assiettes creuses. Vous pouvez l'accompagner d'une sauce à base de yaourt et de citron pour ajouter une touche de fraîcheur et de saveur.

# CURRY DE LENTILLES AUX LÉGUMES

**PORTIONS**

Pour 4 portions

**TEMPS DE PRÉPARATION**

15 minutes

**TEMPS DE CUISSON**

25 minutes

**INGRÉDIENTS**

- 1 tasse de lentilles corail
- 2 cuillères à soupe d'huile d'olive
- 1 oignon, haché
- 2 gousses d'ail, émincées
- 1 carotte, coupée en dés
- 1 courgette, coupée en dés
- 1 poivron rouge, coupé en dés
- 1 boîte de 400 ml de lait de coco
- 2 cuillères à soupe de pâte de curry
- 1 cuillère à café de curcuma en poudre
- Sel et poivre au goût
- Feuilles de coriandre fraîche hachée pour garnir

**INSTRUCTIONS**

1. Rincez les lentilles corail à l'eau froide. Dans une casserole, faites chauffer l'huile d'olive à feu moyen. Ajoutez l'oignon haché et l'ail émincé, faites-les revenir pendant 2 – 3 minutes jusqu'à ce qu'ils soient tendres.
2. Ajoutez les dés de carotte, de courgette et de poivron rouge. Faites sauter pendant environ 5 minutes jusqu'à ce que les légumes commencent à ramollir.
3. Incorporez les lentilles corail et mélangez bien avec les légumes.
4. Ajoutez la pâte de curry et le curcuma en poudre, mélangez pour bien enrober les légumes et les lentilles.
5. Versez le lait de coco dans la casserole. Assaisonnez avec du sel et du poivre selon votre goût.
6. Laissez mijoter à feu doux pendant 15 minutes jusqu'à ce que les lentilles et les légumes soient tendres.

> Servez le curry de lentilles aux légumes dans des bols individuels, saupoudré de feuilles de coriandre fraîche hachée. Accompagnez-le de riz basmati ou de pain naan pour un repas complet et équilibré.

# POÊLÉE DE QUINOA AUX LÉGUMES

## PORTIONS
Pour 4 portions

## TEMPS DE PRÉPARATION
15 minutes

## TEMPS DE CUISSON
20 minutes

## INGRÉDIENTS
- 1 tasse de quinoa cru
- 2 tasses d'eau
- 2 cuillères à soupe d'huile d'olive
- 1 oignon, finement émincé
- 2 gousses d'ail, hachées
- 1 poivron rouge, coupé en dés
- 1 courgette, coupée en dés
- 1 aubergine, coupée en dés
- 1 boîte de 400 g de tomates concassées
- 1 cuillère à café de paprika
- 1 cuillère à café d'origan séché
- Sel et poivre au goût
- Feuilles de basilic frais hachées pour garnir

## INSTRUCTIONS

1. Rincez le quinoa sous l'eau froide. Dans une casserole, portez 2 tasses d'eau à ébullition. Ajoutez le quinoa, réduisez le feu, couvrez et laissez mijoter pendant 15 minutes. Retirez du feu, laissez reposer 5 minutes à couvert, puis égrenez à l'aide d'une fourchette et réservez.

2. Dans une grande poêle, faites chauffer l'huile d'olive à feu moyen. Ajoutez l'oignon finement émincé et l'ail haché, faites-les revenir pendant 2 – 3 minutes jusqu'à ce qu'ils soient tendres.

3. Ajoutez les dés de poivron rouge, de courgette et d'aubergine dans la poêle. Faites sauter pendant environ 5 minutes jusqu'à ce que les légumes commencent à ramollir.

4. Incorporer les tomates concassées dans la poêle avec les légumes. Ajoutez le paprika, l'origan séché, du sel et du poivre. Laissez mijoter pendant 5 – 7 minutes.

5. Ajoutez le quinoa cuit dans la poêle avec le mélange de légumes. Mélangez doucement pour combiner tous les ingrédients et réchauffez pendant 2 – 3 minutes.

> Servez la poêlée de quinoa aux légumes dans des assiettes individuelles. Garnissez de feuilles de basilic frais hachées avant de servir.

# POIS CHICHES RÔTIS AUX LÉGUMES

**PORTIONS**

Pour 4 portions

**TEMPS DE PRÉPARATION**

15 minutes

**TEMPS DE CUISSON**

25 minutes

**INGRÉDIENTS**

- 2 boîtes de 400 g de pois chiches cuits, rincés et égouttés
- 3 cuillères à soupe d'huile d'olive
- 1 cuillère à café de paprika
- 1 cuillère à café de cumin en poudre
- 1 courgette, coupée en dés
- 1 poivron rouge, coupé en dés
- 1 oignon rouge, coupé en dés
- 2 gousses d'ail, hachées
- Sel et poivre au goût
- Feuilles de persil frais hachées pour garnir

**INSTRUCTIONS**

1. Préchauffez le four à 200 °C (thermostat 6-7).
2. Dans un grand bol, mélangez les pois chiches égouttés avec 2 cuillères à soupe d'huile d'olive, le paprika, le cumin, du sel et du poivre.
3. Disposez les pois chiches sur une plaque de cuisson recouverte de papier sulfurisé et faites rôtir au four pendant 20 minutes jusqu'à ce qu'ils soient croustillants.
4. Pendant ce temps, dans une poêle, faites chauffer 1 cuillère à soupe d'huile d'olive à feu moyen. Ajoutez l'oignon coupé, l'ail haché, la courgette et le poivron rouge. Faites sauter pendant 5-7 minutes jusqu'à ce que les légumes soient tendres.
5. Ajoutez les pois chiches rôtis dans la poêle avec les légumes sautés. Mélangez doucement pour combiner tous les ingrédients et réchauffez pendant 2 – 3 minutes.
6. Servez les pois chiches rôtis aux légumes dans des assiettes. Garnissez de feuilles de persil frais hachées avant de servir.

---

Ce plat peut être accompagné d'une portion de riz basmati ou de quinoa pour un repas complet. Vous pouvez également ajouter une touche de yaourt nature sur le dessus pour plus de crémeux et de fraîcheur.

# GALETTES DE QUINOA AUX HARICOTS NOIRS

**PORTIONS**

Pour 4 personnes

**TEMPS DE PRÉPARATION**

15 minutes

**TEMPS DE CUISSON**

20 minutes

**INGRÉDIENTS**

- 1 tasse de quinoa cuit (IG bas : 53)
- 1 boîte de haricots noirs cuits (IG bas : 20)
- 1 oignon rouge, finement haché
- 2 gousses d'ail, émincées
- 2 cuillères à soupe de farine de pois chiches (IG bas : 10)
- 1 cuillère à café de cumin en poudre
- 1 cuillère à café de paprika
- Sel et poivre au goût
- Huile d'olive pour la cuisson

**INSTRUCTIONS**

1. Dans un grand bol, écrasez les haricots noirs à l'aide d'une fourchette jusqu'à obtenir une consistance grossièrement lisse.
2. Ajoutez le quinoa cuit, l'oignon haché, l'ail émincé, la farine de pois chiches, le cumin en poudre, le paprika, le sel et le poivre. Mélangez bien jusqu'à obtenir une pâte homogène.
3. Divisez la pâte en portions égales et formez des galettes avec vos mains.
4. Dans une poêle, faites chauffer un peu d'huile d'olive à feu moyen. Déposez les galettes de quinoa dans la poêle chaude.
5. Faites cuire les galettes pendant environ 4 – 5 minutes de chaque côté, jusqu'à ce qu'elles soient dorées et croustillantes.
6. Une fois cuites, retirez les galettes de la poêle et déposez-les sur du papier absorbant pour éliminer l'excès d'huile.

> Disposez les galettes de quinoa aux haricots noirs sur un plat de service. Accompagnez-les d'une sauce à la coriandre citronnée ou d'une sauce à base de yaourt grec et de concombre pour un contraste frais. Servez avec une salade de légumes croquants pour un repas végétarien équilibré et délicieux.

# TOFU SAUTÉ AUX LÉGUMES ET SÉSAME

**PORTIONS**

Pour 2 portions

**TEMPS DE PRÉPARATION**

15 minutes

**TEMPS DE CUISSON**

15 minutes

**INGRÉDIENTS**

- 200 g de tofu ferme, coupé en cubes
- 2 cuillères à soupe de sauce soja faible en sodium
- 1 cuillère à soupe d'huile de sésame
- 1 cuillère à soupe d'huile d'olive
- 1 poivron rouge, coupé en lanières
- 1 carotte, coupée en julienne
- 1 courgette, coupée en rondelles
- 2 gousses d'ail, hachées
- 1 cuillère à café de graines de sésame
- Sel et poivre au goût
- Coriandre fraîche hachée pour garnir

**INSTRUCTIONS**

1. Dans un bol, marinez les cubes de tofu dans la sauce soja pendant 10 minutes.
2. Dans une poêle ou un wok, faites chauffer l'huile d'olive et l'huile de sésame à feu moyen. Ajoutez l'ail haché et faites revenir pendant 1 minute.
3. Ajoutez le tofu mariné à la poêle et faites-le sauter pendant 5-6 minutes jusqu'à ce qu'il soit doré.
4. Ajoutez les lanières de poivron, les julienne de carotte et les rondelles de courgette dans la poêle. Faites sauter pendant environ 5 minutes jusqu'à ce que les légumes soient tendres mais croquants.
5. Assaisonnez avec du sel et du poivre au goût. Saupoudrez de graines de sésame et mélangez délicatement.
6. Servez le tofu sauté aux légumes dans des assiettes individuelles. Garnissez de coriandre fraîche hachée avant de servir.

> Accompagnez ce plat de riz basmati cuit à la vapeur pour obtenir un repas équilibré et complet. Vous pouvez également ajouter une touche de piment ou de sauce sriracha pour plus de saveur épicée.

DÎNERS SAVOUREUX

# Variétés de plats de légumes et protéines végétales

# CURRY DE POIS CHICHES ET PATATES DOUCES

**PORTIONS**

Pour 4 portions

**TEMPS DE PRÉPARATION**

15 minutes

**TEMPS DE CUISSON**

25 minutes

**INGRÉDIENTS**

- 2 cuillères à soupe d'huile d'olive
- 1 oignon, haché
- 2 gousses d'ail, émincées
- 2 cuillères à soupe de pâte de curry
- 2 patates douces, pelées et coupées en cubes
- 2 boîtes de 400 g de pois chiches cuits, rincés et égouttés
- 400 ml de lait de coco
- 200 ml de bouillon de légumes
- Sel et poivre au goût
- Coriandre fraîche hachée pour garnir

**INSTRUCTIONS**

1. Dans une grande poêle ou une casserole, faites chauffer l'huile d'olive à feu moyen. Ajoutez l'oignon haché et l'ail émincé. Faites revenir pendant 2 – 3 minutes jusqu'à ce qu'ils soient tendres.

2. Ajoutez la pâte de curry dans la poêle et mélangez avec l'oignon et l'ail pendant 1 minute pour libérer les arômes.

3. Ajoutez les cubes de patates douces et faites-les revenir pendant 5 minutes.

4. Incorporer les pois chiches égouttés dans la poêle. Versez le lait de coco et le bouillon de légumes. Assaisonnez avec du sel et du poivre selon votre goût. Laissez mijoter pendant 15 minutes à feu doux jusqu'à ce que les patates douces soient tendres.

5. Rectifiez l'assaisonnement si nécessaire. Garnissez de coriandre fraîche hachée avant de servir.

---

Servez le curry de pois chiches et patates douces dans des bols individuels, accompagné de riz basmati ou de quinoa pour un repas complet. Vous pouvez également ajouter des quartiers de citron vert pour une touche d'acidité.

# RATATOUILLE AUX HARICOTS BLANCS

**PORTIONS**

Pour 4 portions

**TEMPS DE PRÉPARATION**

15 minutes

**TEMPS DE CUISSON**

30 minutes

**INGRÉDIENTS**

- 2 cuillères à soupe d'huile d'olive
- 1 oignon, haché
- 2 gousses d'ail, émincées
- 1 aubergine, coupée en dés
- 1 courgette, coupée en dés
- 1 poivron rouge, coupé en dés
- 400 g de tomates concassées en conserve
- 400 g de haricots blancs cuits, rincés et égouttés
- 1 cuillère à café d'herbes de Provence
- Sel et poivre au goût
- Feuilles de basilic frais hachées pour garnir

**INSTRUCTIONS**

1. Dans une grande poêle ou une cocotte, faites chauffer l'huile d'olive à feu moyen. Ajoutez l'oignon haché et l'ail émincé. Faites revenir pendant 2 – 3 minutes jusqu'à ce qu'ils soient translucides.
2. Ajoutez les dés d'aubergine, de courgette et de poivron rouge dans la poêle. Faites sauter pendant environ 5 minutes jusqu'à ce que les légumes commencent à ramollir.
3. Incorporez les tomates concassées en conserve dans la poêle avec les légumes. Ajoutez les haricots blancs égouttés, les herbes de Provence, du sel et du poivre. Mélangez délicatement.
4. Laissez mijoter à feu doux pendant 20 – 25 minutes jusqu'à ce que tous les légumes soient tendres et les saveurs combinées.
5. Rectifiez l'assaisonnement selon votre goût. Garnissez de feuilles de basilic frais hachées avant de servir.

> Servez la ratatouille aux haricots blancs dans des assiettes creuses. Accompagnez-la de pain complet grillé ou de quinoa pour un repas équilibré. Cette ratatouille peut également être délicieuse en accompagnement d'une protéine végétale comme du tofu grillé.

Dîners savoureux > Variétés de plats de légumes et protéines végétales

# POÊLÉE DE LÉGUMES AUX LENTILLES

**PORTIONS**

Pour 4 portions

**TEMPS DE PRÉPARATION**

15 minutes

**TEMPS DE CUISSON**

25 minutes

**INGRÉDIENTS**

- 1 tasse de lentilles vertes cuites
- 2 cuillères à soupe d'huile d'olive
- 1 oignon, haché
- 2 gousses d'ail, émincées
- 1 poivron rouge, coupé en dés
- 1 courgette, coupée en dés
- 1 aubergine, coupée en dés
- 400 g de tomates concassées en conserve
- 1 cuillère à café de paprika
- 1 cuillère à café de cumin en poudre
- Sel et poivre au goût
- Feuilles de persil frais hachées pour garnir

**INSTRUCTIONS**

1. Dans une grande poêle, faites chauffer l'huile d'olive à feu moyen. Ajoutez l'oignon haché et l'ail émincé. Faites revenir pendant 2-3 minutes jusqu'à ce qu'ils soient tendres.
2. Ajoutez les dés de poivron rouge, de courgette et d'aubergine dans la poêle. Faites sauter pendant environ 5 minutes jusqu'à ce que les légumes commencent à ramollir.
3. Incorporez les tomates concassées en conserve dans la poêle avec les légumes. Ajoutez les lentilles cuites, le paprika, le cumin, du sel et du poivre. Mélangez bien.
4. Laissez mijoter à feu doux pendant 15 – 20 minutes jusqu'à ce que tous les légumes soient tendres et que les saveurs se mélangent.
5. Rectifiez l'assaisonnement si nécessaire. Garnissez de feuilles de persil frais hachées avant de servir.

---

Servez la poêlée de légumes aux lentilles dans des assiettes creuses. Accompagnez-la de pain complet grillé ou de riz basmati pour un repas complet et équilibré.

# CURRY DE TOFU ET LÉGUMES

**PORTIONS**

Pour 4 portions

**TEMPS DE PRÉPARATION**

15 minutes

**TEMPS DE CUISSON**

25 minutes

**INGRÉDIENTS**

- 400 g de tofu ferme, coupé en cubes
- 2 cuillères à soupe d'huile de coco
- 1 oignon, haché
- 2 gousses d'ail, émincées
- 1 cuillère à soupe de pâte de curry
- 1 cuillère à café de curcuma en poudre
- 1 poivron rouge, coupé en lanières
- 1 courgette, coupée en rondelles
- 200 ml de lait de coco
- 1 cuillère à soupe de sauce soja faible en sodium
- Sel et poivre au goût
- Coriandre fraîche hachée pour garnir

**INSTRUCTIONS**

1. Faites chauffer l'huile de coco dans une grande poêle à feu moyen. Ajoutez l'oignon haché et l'ail émincé. Faites revenir pendant 2-3 minutes jusqu'à ce qu'ils soient translucides.

2. Ajoutez la pâte de curry et le curcuma dans la poêle. Mélangez pendant 1 minute pour libérer les arômes.

3. Ajoutez les cubes de tofu dans la poêle et faites-les revenir pendant 5 – 6 minutes jusqu'à ce qu'ils soient légèrement dorés.

4. Incorporez les lanières de poivron rouge et les rondelles de courgette dans la poêle avec le tofu. Faites sauter pendant 3-4 minutes.

5. Versez le lait de coco dans la poêle, ajoutez la sauce soja, du sel et du poivre. Laissez mijoter pendant 8 – 10 minutes à feu doux jusqu'à ce que les légumes soient tendres.

6. Rectifiez l'assaisonnement si nécessaire. Garnissez de coriandre fraîche hachée avant de servir.

> Servez le curry de tofu et légumes dans des bols individuels et accompagnez-le de riz basmati ou de quinoa pour un repas complet et équilibré.

# CURRY DE POIS CHICHES ET ÉPINARDS

**PORTIONS**

Pour 4 portions

**TEMPS DE PRÉPARATION**

10 minutes

**TEMPS DE CUISSON**

20 minutes

**INGRÉDIENTS**

- 2 cuillères à soupe d'huile d'olive
- 1 oignon, haché
- 2 gousses d'ail, émincées
- 1 cuillère à soupe de pâte de curry
- 400 g de pois chiches cuits, rincés et égouttés
- 200 g de tomates concassées en conserve
- 200 ml de lait de coco
- 200 g d'épinards frais
- Sel et poivre au goût
- Coriandre fraîche hachée pour garnir

**INSTRUCTIONS**

1. Dans une grande poêle, faites chauffer l'huile d'olive à feu moyen. Ajoutez l'oignon haché et l'ail émincé. Faites revenir pendant 2-3 minutes jusqu'à ce qu'ils soient tendres.

2. Ajoutez la pâte de curry dans la poêle. Mélangez avec l'oignon et l'ail pendant 1 minute pour libérer les arômes.

3. Ajoutez les pois chiches égouttés, les tomates concassées en conserve et le lait de coco dans la poêle. Assaisonnez avec du sel et du poivre. Laissez mijoter pendant 10 minutes à feu doux.

4. Ajoutez les épinards frais dans la poêle et mélangez-les délicatement jusqu'à ce qu'ils soient légèrement fanés, environ 3 – 4 minutes.

5. Rectifiez l'assaisonnement si nécessaire. Garnissez de coriandre fraîche hachée avant de servir.

---

Servez ce curry de pois chiches et épinards dans des bols individuels avec du riz basmati ou du quinoa cuit. Vous pouvez également accompagner ce plat d'une portion de naan complet pour un repas plus complet.

# TOFU SAUTÉ AUX LÉGUMES CROQUANTS

**PORTIONS**

Pour 4 portions

**TEMPS DE PRÉPARATION**

15 minutes

**TEMPS DE CUISSON**

15 minutes

**INGRÉDIENTS**

- 400 g de tofu ferme, coupé en cubes
- 2 cuillères à soupe d'huile d'olive
- 2 gousses d'ail, émincées
- 1 oignon, émincé
- 1 poivron rouge, coupé en lanières
- 1 poivron vert, coupé en lanières
- 1 courgette, coupée en rondelles
- 200 g de champignons, tranchés
- 2 cuillères à soupe de sauce soja faible en sodium
- Sel et poivre au goût
- Graines de sésame pour garnir (en option, IG bas)
- Coriandre fraîche hachée pour garnir

**INSTRUCTIONS**

1. Dans une grande poêle ou un wok, chauffer l'huile d'olive à feu moyen. Ajouter l'oignon émincé et l'ail émincé. Faire revenir pendant 2 – 3 minutes jusqu'à ce qu'ils soient tendres.
2. Ajouter les cubes de tofu dans la poêle. Faire sauter pendant environ 5 minutes jusqu'à ce qu'ils soient dorés sur tous les côtés.
3. Incorporer les lanières de poivron, les rondelles de courgette et les champignons dans la poêle avec le tofu. Faire sauter pendant 5-7 minutes jusqu'à ce que les légumes soient tendres mais encore croquants.
4. Ajouter la sauce soja dans la poêle et mélanger tous les ingrédients. Assaisonner avec du sel et du poivre selon votre goût.
5. Retirer du feu et garnir de graines de sésame (si utilisé) et de coriandre fraîche hachée.

Servir le tofu sauté aux légumes croquants dans des bols individuels. Accompagner ce plat de riz brun ou de quinoa pour un repas équilibré et savoureux.

# RATATOUILLE AUX HERBES FRAÎCHES

**PORTIONS**

Pour 4 portions

**TEMPS DE PRÉPARATION**

20 minutes

**TEMPS DE CUISSON**

30 minutes

**INGRÉDIENTS**

- 2 cuillères à soupe d'huile d'olive
- 1 oignon, haché
- 2 gousses d'ail, émincées
- 1 aubergine, coupée en dés
- 1 courgette, coupée en dés
- 1 poivron rouge, coupé en dés
- 400 g de tomates concassées en conserve
- 1 cuillère à café d'herbes de Provence
- 1 feuille de laurier
- Sel et poivre au goût
- Quelques feuilles de basilic frais pour garnir

**INSTRUCTIONS**

1. Dans une grande casserole ou une cocotte, faites chauffer l'huile d'olive à feu moyen. Ajoutez l'oignon haché et l'ail émincé. Faites revenir pendant 2 – 3 minutes jusqu'à ce qu'ils soient tendres.

2. Ajoutez les dés d'aubergine, de courgette et de poivron rouge dans la casserole. Faites cuire pendant environ 5 minutes jusqu'à ce que les légumes commencent à ramollir.

3. Incorporez les tomates concassées en conserve dans la casserole avec les légumes. Ajoutez les herbes de Provence, la feuille de laurier, du sel et du poivre. Mélangez bien.

4. Laissez mijoter à feu doux pendant environ 20 minutes, en remuant occasionnellement, jusqu'à ce que tous les légumes soient tendres et que les saveurs se mélangent.

5. Retirez la feuille de laurier de la ratatouille. Rectifiez l'assaisonnement si nécessaire.

6. Servez la ratatouille dans des assiettes creuses et garnissez de feuilles de basilic frais avant de servir.

> Accompagnez cette ratatouille de pain complet grillé ou de quinoa pour un repas équilibré et satisfaisant.

### DÎNERS SAVOUREUX
# Alternatives végétales aux plats traditionnels

# LASAGNES VÉGÉTARIENNES AUX LÉGUMES

**PORTIONS**

Pour 4 portions

**TEMPS DE PRÉPARATION**

20 minutes

**TEMPS DE CUISSON**

40 minutes

**INGRÉDIENTS**

- 1 courgette, coupée en tranches fines
- 1 aubergine, coupée en tranches fines
- 200 g de champignons, tranchés
- 1 cuillère à soupe d'huile d'olive
- 400 g de tomates concassées en conserve
- 2 cuillères à soupe de concentré de tomate
- 1 gousse d'ail, hachée
- 1 cuillère à café d'herbes de Provence
- Sel et poivre au goût
- 8 feuilles de lasagnes complètes
- 200 g de fromage ricotta allégé
- 100 g de fromage mozzarella râpé (IG bas, en option)
- Basilic frais haché pour garnir

**INSTRUCTIONS**

1. Préchauffez le four à 180 °C (thermostat 6).
2. Dans une poêle, faites chauffer l'huile d'olive à feu moyen. Ajoutez l'ail haché et faites-le revenir jusqu'à ce qu'il soit doré.
3. Ajoutez les tranches de courgette, d'aubergine et de champignons dans la poêle. Faites-les revenir pendant environ 5 minutes jusqu'à ce qu'ils soient légèrement ramollis. Ajoutez les tomates concassées, le concentré de tomate, les herbes de Provence, du sel et du poivre. Laissez mijoter pendant 10 minutes.
4. Dans un plat à gratin, étalez une fine couche de mélange de légumes. Disposez une couche de feuilles de lasagnes, puis étalez une couche de ricotta. Répétez l'opération jusqu'à épuisement des ingrédients, en terminant par une couche de légumes.
5. Si désiré, saupoudrez le fromage mozzarella râpé sur la dernière couche de légumes.
6. Couvrez le plat d'aluminium et enfournez pendant 30 minutes. Retirez l'aluminium et poursuivez la cuisson pendant 10 minutes supplémentaires jusqu'à ce que le dessus soit doré et les feuilles de lasagnes cuites.
7. Laissez reposer quelques minutes avant de servir. Garnissez de basilic frais haché avant de servir.

> Accompagnez ces délicieuses lasagnes végétariennes d'une salade verte croquante pour un repas complet et équilibré.

# POÊLÉE DE LÉGUMES D'HIVER À L'ORGE

**PORTIONS**

Pour 4 portions

**TEMPS DE PRÉPARATION**

15 minutes

**TEMPS DE CUISSON**

40 minutes

**INGRÉDIENTS**

- 1 tasse d'orge perlé
- 2 tasses d'eau
- 2 cuillères à soupe d'huile d'olive
- 1 oignon, haché
- 2 carottes, coupées en dés
- 2 branches de céleri, coupées en dés
- 200 g de champignons, tranchés
- 2 gousses d'ail, émincées
- 1 cuillère à café de thym séché
- Sel et poivre au goût
- Quelques feuilles de persil frais haché pour garnir

**INSTRUCTIONS**

1. Rincer l'orge sous l'eau froide à l'aide d'une passoire fine. Dans une casserole, porter 2 tasses d'eau à ébullition, puis ajouter l'orge. Réduire le feu, couvrir et laisser mijoter pendant 30 à 35 minutes ou jusqu'à ce que l'orge soit tendre. Égoutter et réserver.

2. Dans une grande poêle, chauffer l'huile d'olive à feu moyen. Ajouter l'oignon haché et faire revenir pendant 2 - 3 minutes jusqu'à ce qu'il soit translucide.

3. Ajouter les dés de carottes et de céleri dans la poêle. Faire sauter pendant 5 minutes jusqu'à ce qu'ils commencent à ramollir.

4. Incorporer les champignons tranchés et l'ail émincé dans la poêle. Faire sauter pendant 5 - 7 minutes jusqu'à ce que les champignons soient dorés.

5. Ajouter l'orge cuit dans la poêle avec les légumes. Assaisonner avec du thym séché, du sel et du poivre. Mélanger délicatement et laisser mijoter pendant 3 - 5 minutes.

6. Rectifiez l'assaisonnement si nécessaire. Servez chaud, garni de persil frais haché.

> Cette poêlée de légumes d'hiver à l'orge peut être servie telle quelle ou accompagnée d'une portion de protéines végétales comme du tofu grillé pour un repas équilibré.

Dîners savoureux > Alternatives végétales aux plats traditionnels

# COURGETTES FARCIES AUX LÉGUMES ET QUINOA

**PORTIONS**

Pour 4 portions

**TEMPS DE PRÉPARATION**

20 minutes

**TEMPS DE CUISSON**

30 minutes

**INGRÉDIENTS**

- 4 courgettes moyennes
- 1 tasse de quinoa cuit
- 1 cuillère à soupe d'huile d'olive
- 1 oignon, haché
- 2 gousses d'ail, émincées
- 1 poivron rouge, coupé en dés
- Sel et poivre au goût
- 200 g de champignons, tranchés
- 400 g de tomates concassées en conserve
- 1 cuillère à café d'origan séché
- 50 g de fromage de chèvre émietté (facultatif, IG bas)
- Persil frais haché pour garnir

**INSTRUCTIONS**

1. Préchauffez le four à 180 °C (thermostat 6).
2. Lavez les courgettes et coupez-les en deux dans le sens de la longueur. Évidez délicatement l'intérieur des courgettes à l'aide d'une cuillère pour former des coques. Réservez la chair des courgettes.
3. Dans une poêle, chauffez l'huile d'olive à feu moyen. Ajoutez l'oignon haché et l'ail émincé. Faites revenir pendant 2 – 3 minutes jusqu'à ce qu'ils soient tendres.
4. Ajoutez le poivron rouge, les champignons tranchés et la chair des courgettes dans la poêle. Faites sauter pendant 5 minutes.
5. Incorporer les tomates concassées, le quinoa cuit, l'origan séché, du sel et du poivre. Mélangez bien et laissez mijoter pendant 5 minutes.
6. Remplissez les demi-courgettes évidées avec le mélange de légumes et quinoa. Disposez-les dans un plat allant au four.
7. Si désiré, parsemez le fromage de chèvre émietté sur le dessus des courgettes farcies.
8. Enfournez pendant 25 – 30 minutes jusqu'à ce que les courgettes soient tendres.
9. Garnissez de persil frais haché avant de servir.

> Servez ces courgettes farcies aux légumes et quinoa chaudes, accompagnées d'une salade verte pour un repas complet à indice glycémique bas.

# POIVRONS FARCIS AUX LÉGUMES ET RIZ COMPLET

**PORTIONS**

Pour 4 portions

**TEMPS DE PRÉPARATION**

20 minutes

**TEMPS DE CUISSON**

30 minutes

**INGRÉDIENTS**

- 4 gros poivrons (rouges, jaunes, ou verts)
- 1 tasse de riz complet cuit
- 1 cuillère à soupe d'huile d'olive
- 1 oignon, haché
- 2 gousses d'ail, émincées
- 2 carottes, coupées en petits dés
- 1 courgette, coupée en petits dés
- 200 g de champignons, hachés
- 400 g de tomates concassées en conserve
- 1 cuillère à café d'herbes de Provence
- Sel et poivre au goût
- Fromage râpé (facultatif, IG bas)
- Persil frais haché pour garnir

**INSTRUCTIONS**

1. Préchauffez le four à 180 °C (thermostat 6).
2. Lavez les poivrons, coupez les chapeaux et retirez les graines et les membranes à l'intérieur. Réservez.
3. Dans une grande poêle, faites chauffer l'huile d'olive à feu moyen. Ajoutez l'oignon haché et l'ail émincé. Faites revenir pendant 2-3 minutes jusqu'à ce qu'ils soient translucides.
4. Ajoutez les carottes, la courgette et les champignons dans la poêle. Faites revenir pendant 5 minutes jusqu'à ce qu'ils commencent à ramollir.
5. Incorporez les tomates concassées, les herbes de Provence, du sel et du poivre. Laissez mijoter pendant 10 minutes à feu doux.
6. Ajoutez le riz cuit dans le mélange de légumes dans la poêle. Mélangez bien.
7. Remplissez les poivrons évidés avec le mélange de légumes et riz.
8. Disposez les poivrons farcis dans un plat allant au four. Si désiré, saupoudrez de fromage râpé sur le dessus des poivrons farcis.
9. Enfournez pendant 25 – 30 minutes jusqu'à ce que les poivrons soient tendres.
10. Garnissez de persil frais haché avant de servir.

> Servez ces poivrons farcis aux légumes et riz complet chauds, accompagnés d'une salade verte pour un repas sain et équilibré à indice glycémique bas.

# TARTE AUX LÉGUMES D'ÉTÉ

**PORTIONS**

Pour 4-6 portions

**TEMPS DE PRÉPARATION**

20 minutes

**TEMPS DE CUISSON**

30 – 35 minutes

**INGRÉDIENTS**

- 1 pâte brisée ou feuilletée
- 2 courgettes moyennes
- 1 poivron rouge
- 1 poivron jaune
- 1 oignon rouge
- 200 g de tomates cerises
- 200 ml de crème fraîche légère
- 100 g de fromage râpé (facultatif, IG bas)
- 2 cuillères à soupe d'huile d'olive
- 3 œufs
- Sel et poivre au goût
- Herbes fraîches (basilic, origan) pour garnir

**INSTRUCTIONS**

1. Préchauffez le four à 180 °C (thermostat 6).
2. Étalez la pâte dans un moule à tarte préalablement beurré et piqué avec une fourchette. Réservez au réfrigérateur.
3. Lavez et coupez tous les légumes en fines tranches.
4. Dans une poêle, faites chauffer l'huile d'olive à feu moyen. Faites revenir l'oignon jusqu'à ce qu'il soit doré.
5. Disposez les tranches de courgettes, de poivrons et les tomates cerises sur la pâte dans le moule à tarte, en les alternant joliment.
6. Dans un bol, battez les œufs avec la crème fraîche. Assaisonnez avec du sel et du poivre.
7. Versez ce mélange sur les légumes dans le moule à tarte. Assurez-vous que le liquide se répartisse uniformément.
8. Si désiré, saupoudrez de fromage râpé sur le dessus de la tarte.
9. Enfournez pendant 30 à 35 minutes, ou jusqu'à ce que la tarte soit dorée et que la garniture soit prise.
10. Laissez reposer quelques minutes avant de servir. Garnissez de quelques herbes fraîches avant de servir.

> Servez cette délicieuse tarte aux légumes d'été chaude ou tiède, accompagnée d'une salade verte pour un repas équilibré et riche en saveurs à indice glycémique bas.

DÎNERS SAVOUREUX

# Dîners légers et équilibrés

# SALADE D'ÉPINARDS AUX FRAISES ET NOIX

**PORTIONS**

Pour 2 portions

**TEMPS DE PRÉPARATION**

15 minutes

**INGRÉDIENTS**

- 150 g d'épinards frais
- 200 g de fraises fraîches, tranchées
- 1 avocat mûr, coupé en dés
- 30 g de noix concassées
- 50 g de fromage de chèvre frais (facultatif, IG bas)

**Vinaigrette**

- 2 cuillères à soupe d'huile d'olive
- 1 cuillère à soupe de vinaigre balsamique
- 1 cuillère à café de miel (facultatif, IG bas)
- Sel et poivre au goût

**INSTRUCTIONS**

1. Lavez soigneusement les épinards frais et séchez-les à l'aide d'un essuie-tout. Disposez-les dans un grand saladier.
2. Ajoutez les fraises tranchées et les dés d'avocat aux épinards.
3. Dans une petite poêle à feu moyen, faites griller légèrement les noix concassées pendant quelques minutes. Retirez-les du feu et laissez-les refroidir.
4. Ajoutez les noix grillées à la salade.
5. Dans un petit bol, préparez la vinaigrette en mélangeant l'huile d'olive, le vinaigre balsamique, le miel (si utilisé), du sel et du poivre.
6. Versez la vinaigrette sur la salade et mélangez délicatement pour bien enrober tous les ingrédients.
7. Si vous utilisez du fromage de chèvre, émiettez-le sur le dessus de la salade.

---

Servez la salade d'épinards aux fraises et noix dans des assiettes individuelles. Cette salade peut être accompagnée de pain grillé pour un dîner léger et équilibré à indice glycémique bas.

# POÊLÉE DE LÉGUMES D'ÉTÉ AU TOFU GRILLÉ

**PORTIONS**

Pour 2 portions

**TEMPS DE PRÉPARATION**

15 minutes

**TEMPS DE CUISSON**

15 minutes

**INGRÉDIENTS**

- 200 g de tofu ferme
- 2 cuillères à soupe d'huile d'olive
- 1 poivron rouge, coupé en lanières
- 1 courgette, coupée en rondelles
- 1 oignon rouge, émincé
- 2 gousses d'ail, hachées
- 150 g de tomates cerise, coupées en deux
- 1 cuillère à café d'origan séché
- Sel et poivre au goût
- Quelques feuilles de basilic frais pour garnir

**INSTRUCTIONS**

1. Égouttez et pressez doucement le tofu pour enlever l'excès de liquide. Coupez-le en cubes.
2. Faites chauffer une cuillère à soupe d'huile d'olive dans une poêle à feu moyen. Ajoutez les cubes de tofu et faites-les dorer de chaque côté pendant environ 5 minutes. Retirez-les de la poêle et réservez.
3. Dans la même poêle, ajoutez une cuillère à soupe d'huile d'olive. Faites revenir l'oignon émincé et l'ail haché pendant 2 – 3 minutes jusqu'à ce qu'ils soient translucides.
4. Ajoutez les lanières de poivron et les rondelles de courgette dans la poêle. Faites sauter pendant 5 minutes.
5. Incorporer les tomates cerise coupées en deux dans la poêle avec les légumes. Assaisonnez avec de l'origan séché, du sel et du poivre. Faites cuire pendant 3 – 4 minutes jusqu'à ce que les légumes soient tendres, mais encore croquants.
6. Remettez le tofu grillé dans la poêle avec les légumes pour réchauffer brièvement.
7. Servez la poêlée de légumes d'été avec du tofu grillé dans des assiettes, garnissez de feuilles de basilic frais.

> Cette poêlée de légumes d'été au tofu grillé constitue un repas léger et équilibré à indice glycémique bas. Accompagnez-la de quinoa cuit ou de riz complet pour un dîner complet.

# CURRY DE LÉGUMES AU LAIT DE COCO

## PORTIONS
Pour 4 personnes

## TEMPS DE PRÉPARATION
15 minutes

## TEMPS DE CUISSON
25 minutes

## INGRÉDIENTS
- 2 cuillères à soupe d'huile de coco
- 1 oignon émincé
- 2 gousses d'ail émincées
- 1 cuillère à soupe de pâte de curry
- 1 poivron rouge coupé en lanières
- 2 carottes coupées en rondelles
- 1 aubergine coupée en dés
- 400 ml de lait de coco
- 1 tasse de pois chiches cuits
- Sel et poivre au goût
- Coriandre fraîche hachée pour garnir (facultatif, IG bas)

## INSTRUCTIONS

1. Faire chauffer l'huile de coco dans une grande poêle à feu moyen. Ajouter l'oignon et l'ail, faire revenir jusqu'à ce qu'ils soient dorés et parfumés.
2. Ajouter la pâte de curry dans la poêle et mélanger pendant environ une minute pour libérer les arômes.
3. Incorporer le poivron rouge, les carottes et l'aubergine dans la poêle. Faire sauter les légumes pendant 5 minutes.
4. Verser le lait de coco dans la poêle et laisser mijoter à feu doux pendant environ 15 – 20 minutes jusqu'à ce que les légumes soient tendres.
5. Ajouter les pois chiches dans la poêle et laisser mijoter encore quelques minutes pour les réchauffer.
6. Assaisonner avec du sel et du poivre selon ton goût.
7. Retirer du feu et laisser reposer quelques minutes avant de servir.
8. Au moment de servir, garnir chaque portion de curry de légumes avec de la coriandre fraîche hachée si désiré.

> Dispose le curry de légumes au lait de coco dans des bols ou des assiettes creuses. Accompagne-le de quinoa cuit ou de riz basmati pour en faire un repas complet et équilibré à indice glycémique bas.

# RATATOUILLE AUX HERBES ET QUINOA

**PORTIONS**

Pour 4 portions

**TEMPS DE PRÉPARATION**

15 minutes

**TEMPS DE CUISSON**

30 minutes

**INGRÉDIENTS**

- 1 tasse de quinoa cuit
- 2 cuillères à soupe d'huile d'olive
- 1 oignon, émincé
- 2 gousses d'ail, hachées
- 1 aubergine, coupée en dés
- 1 courgette, coupée en dés
- 1 poivron rouge, coupé en dés
- 2 tomates, coupées en dés
- 2 cuillères à soupe de concentré de tomate
- 1 cuillère à café d'herbes de Provence séchées
- Sel et poivre au goût
- Quelques feuilles de basilic frais pour garnir

**INSTRUCTIONS**

1. Faites cuire le quinoa selon les instructions sur l'emballage et réservez.
2. Dans une grande poêle, chauffez l'huile d'olive à feu moyen. Ajoutez l'oignon émincé et faites-le revenir jusqu'à ce qu'il soit translucide.
3. Ajoutez l'ail haché et poursuivez la cuisson pendant une minute.
4. Ajoutez l'aubergine, la courgette et le poivron rouge dans la poêle. Faites sauter pendant 8 – 10 minutes jusqu'à ce que les légumes commencent à ramollir.
5. Incorporer les dés de tomates, le concentré de tomate et les herbes de Provence. Assaisonnez avec du sel et du poivre. Laissez mijoter pendant 10 minutes à feu doux.
6. Ajoutez le quinoa cuit à la ratatouille et mélangez délicatement pour bien enrober.
7. Garnissez de feuilles de basilic frais avant de servir.

> Servez cette ratatouille aux herbes et quinoa chaud, accompagnée de quelques tranches de pain complet grillé ou d'une salade verte pour un dîner léger et équilibré à indice glycémique bas.

# CURRY DE LÉGUMES ET POIS CHICHES

**PORTIONS**

Pour 4 portions

**TEMPS DE PRÉPARATION**

15 minutes

**TEMPS DE CUISSON**

25 minutes

**INGRÉDIENTS**

- 1 boîte de pois chiches égouttés
- 2 cuillères à soupe d'huile d'olive
- 1 oignon, haché
- 2 gousses d'ail, émincées
- 1 cuillère à soupe de pâte de curry
- 400 ml de lait de coco
- 2 carottes, coupées en dés
- 1 courgette, coupée en dés
- 1 poivron rouge, coupé en lanières
- Sel et poivre au goût
- Quelques feuilles de coriandre fraîche pour garnir

**INSTRUCTIONS**

1. Faites chauffer l'huile d'olive dans une grande poêle à feu moyen. Ajoutez l'oignon haché et faites-le revenir jusqu'à ce qu'il soit translucide.
2. Ajoutez l'ail émincé et la pâte de curry dans la poêle. Faites cuire pendant 1 à 2 minutes pour libérer les arômes.
3. Versez le lait de coco dans la poêle et mélangez bien avec les oignons et la pâte de curry.
4. Ajoutez les carottes, la courgette et les lanières de poivron dans la poêle. Laissez mijoter pendant environ 10 minutes ou jusqu'à ce que les légumes soient tendres mais encore croquants.
5. Ajoutez les pois chiches égouttés dans la poêle et laissez chauffer pendant quelques minutes.
6. Assaisonnez avec du sel et du poivre selon votre goût.
7. Servez le curry de légumes et pois chiches chaud, garni de feuilles de coriandre fraîche.

> Accompagnez ce curry de légumes et pois chiches d'une portion de riz basmati ou de quinoa pour un dîner savoureux à indice glycémique bas.

DESSERTS EXQUIS

# Options sucrées avec des fruits frais et secs

# SALADE DE FRUITS FRAIS ET SECS À LA MENTHE

**PORTIONS**

Pour 4 portions

**TEMPS DE PRÉPARATION**

15 minutes

**INGRÉDIENTS**

- 2 kiwis, pelés et coupés en dés
- 1 mangue, pelée et coupée en dés
- 1 tasse de fraises, coupées en morceaux
- ½ tasse de raisins secs
- ½ tasse de dattes dénoyautées, hachées
- Jus d'un citron
- Feuilles de menthe fraîche pour garnir
- 2 cuillères à soupe de sirop d'érable ou de miel (facultatif, IG bas)

**INSTRUCTIONS**

1. Dans un grand bol, mélangez les dés de kiwi, de mangue et de fraises.
2. Ajoutez les raisins secs et les dattes hachées au mélange de fruits.
3. Arrosez le jus de citron sur les fruits pour préserver leur fraîcheur et ajouter une touche acidulée.
4. Si vous souhaitez un peu de douceur supplémentaire, ajoutez 2 cuillères à soupe de sirop d'érable ou de miel (facultatif).
5. Mélangez délicatement tous les ingrédients pour bien enrober les fruits du jus.
6. Réfrigérez la salade de fruits pendant environ 30 minutes pour que les saveurs se mélangent.

> Au moment de servir, garnissez la salade de fruits frais et secs de feuilles de menthe fraîche pour une touche de fraîcheur. Vous pouvez servir cette salade dans des bols individuels ou la présenter dans une assiette pour un dessert léger et rafraîchissant à indice glycémique bas.

# COMPOTE DE POMMES AUX FRUITS SECS ET CANNELLE

**PORTIONS**

Pour 4 portions

**TEMPS DE PRÉPARATION**

10 minutes

**TEMPS DE CUISSON**

20 minutes

**INGRÉDIENTS**

- 4 pommes, pelées, épépinées et coupées en dés
- ½ tasse de raisins secs
- ½ tasse d'abricots secs, coupés en morceaux
- 2 cuillères à soupe de sirop d'érable ou de miel (facultatif, IG bas)
- 1 cuillère à café de cannelle en poudre
- ½ tasse d'eau
- Jus d'un citron
- Zeste de citron pour garnir (facultatif, IG bas)

**INSTRUCTIONS**

1. Dans une casserole, ajoutez les dés de pommes, les raisins secs, les morceaux d'abricots secs, le sirop d'érable ou le miel (si utilisé), la cannelle, l'eau et le jus de citron.
2. Faites chauffer le mélange à feu moyen-élevé jusqu'à ce qu'il commence à bouillir.
3. Réduisez le feu et laissez mijoter pendant environ 15 – 20 minutes, en remuant de temps en temps, jusqu'à ce que les pommes soient tendres et commencent à se décomposer.
4. Écrasez légèrement les pommes cuites avec une cuillère ou une fourchette pour obtenir une texture de compote, en laissant quelques morceaux pour la texture.
5. Retirez du feu et laissez refroidir légèrement.
6. Servez la compote de pommes aux fruits secs tiède ou à température ambiante. Vous pouvez ajouter du zeste de citron pour une touche de fraîcheur (facultatif).

> Servez la compote de pommes aux fruits secs dans des bols individuels et garnissez-la de zeste de citron pour une présentation colorée. Cette compote peut également être dégustée avec une cuillerée de yaourt grec nature pour un dessert à indice glycémique bas et riche en protéines.

# SALADE DE FRUITS D'HIVER AUX NOIX

**PORTIONS**

Pour 4 portions

**TEMPS DE PRÉPARATION**

15 minutes

**INGRÉDIENTS**

- 2 poires, pelées, épépinées et coupées en dés
- 2 pommes, pelées, épépinées et coupées en dés
- 1 orange, pelée et coupée en morceaux
- ½ tasse de cerneaux de noix, légèrement grillés
- 2 cuillères à soupe de miel ou sirop d'érable (facultatif, IG bas)
- Jus d'un citron
- Zeste de citron pour garnir (facultatif, IG bas)
- Quelques feuilles de menthe fraîche pour garnir

**INSTRUCTIONS**

1. Dans un grand bol, mélangez les dés de poires, de pommes et les morceaux d'orange.
2. Ajoutez les cerneaux de noix grillés au mélange de fruits.
3. Arrosez le jus de citron sur les fruits pour éviter l'oxydation et ajouter une touche acidulée.
4. Si désiré, ajoutez 2 cuillères à soupe de miel ou de sirop d'érable pour plus de douceur.
5. Mélangez délicatement tous les ingrédients pour bien enrober les fruits de jus et de douceur.
6. Réfrigérez la salade de fruits pendant environ 15 à 20 minutes pour que les saveurs se mélangent.

> Avant de servir, garnissez la salade de fruits d'hiver aux noix de zeste de citron et de quelques feuilles de menthe fraîche pour une présentation rafraîchissante. Servez dans des coupelles individuelles pour un dessert léger et savoureux à indice glycémique bas.

# CARPACCIO DE FRUITS D'ÉTÉ AUX AMANDES

**PORTIONS**

Pour 4 portions

**TEMPS DE PRÉPARATION**

15 minutes

**INGRÉDIENTS**

- 2 pêches, lavées et tranchées finement
- 2 prunes, lavées et tranchées finement
- 1 tasse de fraises, lavées et tranchées finement
- ¼ tasse d'amandes effilées, légèrement grillées
- 2 cuillères à soupe de sirop d'agave ou de miel (facultatif, IG bas)
- Jus d'un citron
- Zeste de citron pour garnir (facultatif, IG bas)
- Feuilles de menthe fraîche pour garnir

**INSTRUCTIONS**

1. Disposez les tranches de pêches, de prunes et de fraises de manière artistique sur des assiettes individuelles ou un grand plat.
2. Saupoudrez les amandes effilées grillées sur les fruits.
3. Arrosez légèrement les fruits avec le jus de citron pour une touche acidulée.
4. Pour un peu plus de douceur, ajoutez 2 cuillères à soupe de sirop d'agave ou de miel (facultatif).
5. Garnissez avec du zeste de citron et quelques feuilles de menthe fraîche pour une touche de fraîcheur.

---

Servez ce carpaccio de fruits d'été aux amandes joliment disposé sur des assiettes individuelles. Cette présentation mettra en valeur la beauté colorée des fruits et des amandes. Parfait pour un dessert léger et estival à indice glycémique bas.

# BROCHETTES DE FRUITS GRILLÉS À LA MENTHE

**PORTIONS**

Pour 4 portions

**TEMPS DE PRÉPARATION**

15 minutes

**TEMPS DE CUISSON**

5 – 7 minutes

**INGRÉDIENTS**

- 2 bananes, coupées en rondelles épaisses
- 2 poires, coupées en quartiers
- 2 kiwis, pelés et coupés en morceaux
- ½ tasse de fraises, lavées et équeutées
- ½ tasse d'ananas en morceaux
- ¼ tasse de miel ou sirop d'érable (facultatif, IG bas)
- Feuilles de menthe fraîche hachée pour saupoudrer

**INSTRUCTIONS**

1. Préchauffez votre gril à feu moyen.
2. Enfilez les morceaux de fruits sur des brochettes en bois ou en métal de manière variée et esthétique.
3. Si vous utilisez du miel ou du sirop d'érable, badigeonnez légèrement les brochettes de fruits avec pour une touche sucrée supplémentaire.
4. Disposez les brochettes sur le gril préchauffé et faites-les griller pendant environ 2 – 3 minutes de chaque côté, jusqu'à ce que les fruits soient légèrement caramélisés.
5. Retirez les brochettes du gril et saupoudrez les fruits grillés de feuilles de menthe fraîche hachée.

> Présentez ces délicieuses brochettes de fruits grillés à la menthe sur un plateau, accompagnées d'une sauce au yaourt à la menthe ou d'une boule de glace à la vanille pour un dessert rafraîchissant à indice glycémique bas.

# BOL DE YAOURT GREC AUX FRUITS ET NOIX

**PORTIONS**

Pour 4 portions

**TEMPS DE PRÉPARATION**

10 minutes

**INGRÉDIENTS**

- 2 tasses de yaourt grec nature
- 1 tasse de fraises, lavées et tranchées
- 1 tasse de framboises
- ½ tasse de bleuets
- ¼ tasse d'amandes concassées, légèrement grillées
- 2 cuillères à soupe de miel ou sirop d'érable (facultatif, IG bas)
- Quelques feuilles de menthe fraîche pour garnir

**INSTRUCTIONS**

1. Répartissez le yaourt grec dans des bols individuels.
2. Disposez harmonieusement les tranches de fraises, les framboises et les bleuets sur le yaourt.
3. Saupoudrez d'amandes concassées grillées pour ajouter du croquant.
4. Si désiré, versez légèrement ½ cuillère à soupe de miel ou de sirop d'érable sur chaque bol pour un léger arôme sucré.
5. Garnissez de feuilles de menthe fraîche pour une touche de fraîcheur supplémentaire.

---

Servez ces bols de yaourt grec aux fruits et noix frais et légèrement sucrés pour un dessert simple et satisfaisant à indice glycémique bas. Ils peuvent être accompagnés d'un petit biscuit à l'avoine ou dégustés tels quels pour une douceur naturelle.

# MOUSSE DE FRUITS LÉGERS

**PORTIONS**

Pour 4 portions

**TEMPS DE PRÉPARATION**

15 minutes

**INGRÉDIENTS**

- 2 bananes mûres
- 1 mangue mûre, pelée et coupée en dés
- 1 tasse de fraises, lavées et équeutées
- Jus d'un citron
- ½ cuillère à café de vanille (facultatif, IG bas)
- 2 cuillères à soupe de yaourt grec nature
- Feuilles de menthe fraîche pour garnir

**INSTRUCTIONS**

1. Dans un mixeur, combinez les bananes, la mangue et les fraises jusqu'à obtenir un mélange lisse.
2. Ajoutez le jus de citron et la vanille (si utilisée) au mélange de fruits et mélangez à nouveau pour bien incorporer les saveurs.
3. Incorporez délicatement le yaourt grec au mélange de fruits pour une texture plus onctueuse.
4. Répartissez la mousse de fruits dans des coupes individuelles ou des verrines.
5. Réfrigérez pendant au moins 1 heure pour que la mousse prenne une consistance légèrement plus ferme.

> Avant de servir, garnissez chaque coupe de feuilles de menthe fraîche pour apporter une touche de fraîcheur. Cette mousse de fruits légère et parfumée est parfaite en dessert à indice glycémique bas, à déguster seule ou accompagnée de quelques biscuits sablés pour une touche croustillante.

# SALADE DE FRUITS EXOTIQUES À LA NOIX DE COCO

**PORTIONS**

Pour 4 portions

**TEMPS DE PRÉPARATION**

15 minutes

**INGRÉDIENTS**

- 1 mangue mûre, pelée et coupée en dés
- 1 papaye mûre, pelée, épépinée et coupée en dés
- 1 tasse d'ananas frais, coupé en morceaux
- ½ tasse de noix de coco râpée non sucrée
- Jus d'un citron vert
- 2 cuillères à soupe de miel ou sirop d'érable (facultatif, IG bas)
- Quelques feuilles de menthe fraîche pour garnir

**INSTRUCTIONS**

1. Dans un grand bol, mélangez les dés de mangue, de papaye et les morceaux d'ananas.
2. Ajoutez la noix de coco râpée au mélange de fruits.
3. Arrosez le jus de citron vert sur les fruits pour apporter une touche acidulée et mélangez délicatement.
4. Pour une légère douceur supplémentaire, incorporez 2 cuillères à soupe de miel ou de sirop d'érable (facultatif) et mélangez à nouveau.

> Servez cette salade de fruits exotiques à la noix de coco dans des bols individuels et garnissez-la de quelques feuilles de menthe fraîche pour une présentation vibrante. Cette salade est une délicieuse façon de savourer les fruits exotiques avec une touche de noix de coco, tout en maintenant un indice glycémique bas pour un dessert rafraîchissant.

DESSERTS EXQUIS

# Pâtisseries légères et équilibrées

# MUFFINS À L'AVOINE ET AUX FRUITS

**PORTIONS**

Pour 12 muffins

**TEMPS DE PRÉPARATION**

15 minutes

**TEMPS DE CUISSON**

20 – 25 minutes

**INGRÉDIENTS**

- 1½ tasse de farine d'avoine
- ½ tasse de farine de blé complet (IG modéré)
- 2 cuillères à café de levure chimique
- ½ cuillère à café de bicarbonate de soude
- ½ cuillère à café de sel
- 2 œufs
- ½ tasse de compote de pommes sans sucre ajouté
- ⅓ tasse de yaourt grec nature
- ¼ tasse d'huile de coco fondue
- ¼ tasse de sirop d'érable ou de miel (facultatif, IG bas)
- 1 cuillère à café d'extrait de vanille (facultatif, IG bas)
- 1 tasse de fruits frais hachés (fraises, framboises, myrtilles – IG bas)

**INSTRUCTIONS**

1. Préchauffez le four à 180 °C (350 °F) et préparez un moule à muffins en y disposant des caissettes en papier.
2. Dans un grand bol, mélangez la farine d'avoine, la farine de blé complet, la levure chimique, le bicarbonate de soude et le sel.
3. Dans un autre bol, battez les œufs, puis ajoutez la compote de pommes, le yaourt grec, l'huile de coco fondue, le sirop d'érable (ou le miel) et l'extrait de vanille (si utilisé). Mélangez bien.
4. Ajoutez le mélange liquide aux ingrédients secs et mélangez jusqu'à ce que tout soit combiné. Ne pas trop mélanger.
5. Incorporez délicatement les fruits hachés à la pâte.
6. Répartissez la pâte uniformément dans les caissettes à muffins, les remplissant aux ¾.
7. Faites cuire au four préchauffé pendant 20 à 25 minutes ou jusqu'à ce qu'un cure-dent inséré au centre en ressorte propre.

> Laissez refroidir les muffins avant de les servir. Disposez-les sur une assiette décorative et saupoudrez-les légèrement de flocons d'avoine ou de fruits supplémentaires pour une présentation attrayante. Ces muffins à l'avoine et aux fruits sont parfaits pour un dessert léger et équilibré à faible indice glycémique.

# COOKIES À LA BANANE ET AUX AMANDES

**PORTIONS**

Pour 12 cookies

**TEMPS DE PRÉPARATION**

10 minutes

**TEMPS DE CUISSON**

12 – 15 minutes

**INGRÉDIENTS**

- 2 bananes mûres écrasées
- 1½ tasse de flocons d'avoine
- ½ tasse d'amandes concassées
- ¼ tasse de pépites de chocolat noir à haute teneur en cacao (facultatif, IG bas)
- 1 cuillère à café de cannelle en poudre (facultatif, IG bas)

**INSTRUCTIONS**

1. Préchauffez le four à 180 °C (350 °F) et tapissez une plaque de cuisson de papier sulfurisé.
2. Dans un bol, mélangez les bananes écrasées, les flocons d'avoine, les amandes concassées, les pépites de chocolat (si utilisées) et la cannelle (si utilisée). Mélangez bien pour obtenir une pâte homogène.
3. Avec une cuillère à soupe, prélevez des portions de pâte et déposez-les sur la plaque de cuisson, en les espaçant pour former des cookies.
4. À l'aide d'une fourchette légèrement humide, aplatissez légèrement chaque cookie.
5. Enfournez pendant 12 à 15 minutes, jusqu'à ce que les cookies soient légèrement dorés.
6. Laissez refroidir les cookies sur une grille avant de les déguster.

> Disposez ces délicieux cookies à la banane et aux amandes sur une assiette joliment présentée. Ces biscuits savoureux et peu sucrés peuvent être accompagnés d'une tasse de thé ou d'un verre de lait d'amande pour un goûter sain à indice glycémique bas.

# BISCUITS AUX DATTES ET AUX NOIX

**PORTIONS**

Pour 12 biscuits

**TEMPS DE PRÉPARATION**

15 minutes

**TEMPS DE CUISSON**

12 – 15 minutes

**INGRÉDIENTS**

- 1 tasse de farine d'amande
- ½ tasse de flocons d'avoine
- ½ cuillère à café de bicarbonate de soude
- Une pincée de sel
- ⅓ tasse de dattes hachées finement
- ⅓ tasse de noix hachées (amandes, noisettes ou noix au choix – IG bas)
- 2 cuillères à soupe d'huile de coco fondue
- 1 cuillère à soupe de sirop d'érable ou de miel (facultatif, IG bas)
- 1 cuillère à café d'extrait de vanille (facultatif, IG bas)
- 1 œuf

**INSTRUCTIONS**

1. Préchauffez le four à 180 °C (350 °F) et tapissez une plaque de cuisson de papier sulfurisé.
2. Dans un grand bol, mélangez la farine d'amande, les flocons d'avoine, le bicarbonate de soude et le sel.
3. Ajoutez les dattes hachées et les noix hachées au mélange sec et mélangez pour les incorporer.
4. Dans un autre bol, battez l'œuf et ajoutez l'huile de coco fondue, le sirop d'érable ou le miel (si utilisé) et l'extrait de vanille (si utilisé). Mélangez bien.
5. Incorporez le mélange liquide aux ingrédients secs et remuez jusqu'à obtenir une pâte homogène.
6. Façonnez des boules de pâte de la taille d'une cuillère à soupe et déposez-les sur la plaque de cuisson préparée, en les espaçant légèrement.
7. Aplatissez légèrement chaque boule de pâte avec le dos d'une cuillère.
8. Enfournez pendant 12 à 15 minutes ou jusqu'à ce que les biscuits soient légèrement dorés.
9. Laissez refroidir sur une grille avant de déguster.

> Servez ces biscuits aux dattes et aux noix sur une assiette décorative. Accompagnez-les d'une tasse de thé vert ou d'une infusion pour un moment gourmand à indice glycémique bas.

# BOUCHÉES D'ÉNERGIE À LA NOIX DE COCO ET AUX AMANDES

**PORTIONS**

Pour 12 bouchées

**TEMPS DE PRÉPARATION**

15 minutes

**INGRÉDIENTS**

- 1 tasse de noix de coco râpée non sucrée
- ½ tasse de farine d'amande
- ½ tasse d'amandes hachées
- ⅓ tasse de sirop d'érable ou de miel
- 2 cuillères à soupe d'huile de coco fondue
- ½ cuillère à café d'extrait de vanille (facultatif, IG bas)
- Une pincée de sel

**INSTRUCTIONS**

1. Dans un grand bol, mélangez la noix de coco râpée, la farine d'amande et les amandes hachées.
2. Ajoutez le sirop d'érable ou le miel, l'huile de coco fondue, l'extrait de vanille (si utilisé) et une pincée de sel. Mélangez bien pour former une pâte.
3. Formez des petites boules avec la pâte obtenue et placez-les sur une assiette.
4. Réfrigérez les bouchées pendant au moins 30 minutes pour qu'elles durcissent légèrement.

> Disposez ces bouchées d'énergie à la noix de coco et aux amandes sur une assiette. Elles sont prêtes à être dégustées comme collation légère ou comme dessert sain à indice glycémique bas. Vous pouvez également les conserver au réfrigérateur dans un contenant hermétique pour une utilisation ultérieure.

# BISCUITS SABLÉS À LA VANILLE ET AUX AMANDES

**PORTIONS**

Pour 12 biscuits

**TEMPS DE PRÉPARATION**

20 minutes

**TEMPS DE CUISSON**

12 – 15 minutes

**INGRÉDIENTS**

- 1 tasse de farine d'amande
- ¼ tasse de farine de coco
- ¼ tasse d'huile de coco fondue
- 3 cuillères à soupe de sirop d'érable ou de miel
- 1 cuillère à café d'extrait de vanille
- ¼ tasse d'amandes effilées pour la garniture (facultatif)
- Une pincée de sel

**INSTRUCTIONS**

1. Préchauffez le four à 180 °C (350 °F) et tapissez une plaque de cuisson de papier sulfurisé.
2. Dans un bol, mélangez la farine d'amande, la farine de coco et une pincée de sel.
3. Ajoutez l'huile de coco fondue, le sirop d'érable ou le miel, et l'extrait de vanille dans le mélange de farine. Mélangez jusqu'à obtenir une pâte homogène.
4. Façonnez des boules de pâte de la taille d'une cuillère à soupe et déposez-les sur la plaque de cuisson préparée, en les espaçant légèrement. Aplatissez-les légèrement avec le dos d'une cuillère.
5. Garnissez chaque biscuit d'amandes effilées (facultatif).
6. Enfournez pendant 12 à 15 minutes ou jusqu'à ce que les biscuits soient légèrement dorés sur les bords.
7. Laissez refroidir les biscuits sur une grille avant de les déguster.

---

Disposez ces biscuits sablés à la vanille et aux amandes sur une assiette joliment présentée. Accompagnez-les d'une tasse de thé à la vanille pour un moment de dégustation gourmand à faible indice glycémique.

# BOUCHÉES DE COCO AUX FRUITS SECS

**PORTIONS**

Pour 12 bouchées

**TEMPS DE PRÉPARATION**

15 minutes

**INGRÉDIENTS**

- 1 tasse de noix de coco râpée non sucrée
- ¼ tasse de graines de chia
- ¼ tasse de dattes hachées finement
- ¼ tasse de noix hachées (amandes, noisettes, noix – IG bas)
- 2 cuillères à soupe de sirop d'érable ou de miel
- 1 cuillère à café d'extrait de vanille
- Une pincée de sel

**INSTRUCTIONS**

1. Dans un bol, mélangez la noix de coco râpée, les graines de chia, les dattes hachées et les noix hachées.
2. Ajoutez le sirop d'érable ou le miel, l'extrait de vanille et une pincée de sel. Mélangez bien pour obtenir une pâte collante.
3. Formez des petites boules avec la pâte et placez-les sur une assiette.
4. Réfrigérez les bouchées pendant au moins 30 minutes pour qu'elles durcissent légèrement.

> Disposez ces bouchées de coco aux fruits secs sur une assiette. Ces bouchées sont parfaites en tant que dessert léger ou en-cas sain à indice glycémique bas. Elles peuvent être conservées au réfrigérateur dans un récipient hermétique pour une consommation ultérieure.

# BISCUITS À LA BANANE ET AU CHOCOLAT NOIR

**PORTIONS**

Pour 12 biscuits

**TEMPS DE PRÉPARATION**

15 minutes

**TEMPS DE CUISSON**

12 – 15 minutes

**INGRÉDIENTS**

- 2 bananes mûres écrasées
- 1½ tasse de flocons d'avoine
- ½ tasse de pépites de chocolat noir à haute teneur en cacao
- ¼ tasse de noix de votre choix, hachées (amandes, noix de cajou)
- 1 cuillère à café d'extrait de vanille
- Une pincée de sel

**INSTRUCTIONS**

1. Préchauffez le four à 180 °C (350 °F) et tapissez une plaque de cuisson de papier sulfurisé.
2. Dans un grand bol, mélangez les flocons d'avoine, les pépites de chocolat noir, les noix hachées et une pincée de sel.
3. Ajoutez les bananes écrasées et l'extrait de vanille au mélange sec. Mélangez bien pour obtenir une pâte homogène.
4. À l'aide d'une cuillère, déposez des tas de pâte sur la plaque de cuisson préparée, en les espaçant légèrement. Aplatissez-les légèrement avec le dos d'une cuillère.
5. Enfournez pendant 12 à 15 minutes ou jusqu'à ce que les biscuits soient légèrement dorés sur les bords.
6. Laissez refroidir les biscuits sur une grille avant de les déguster.

> Disposez ces biscuits à la banane et au chocolat noir sur une assiette. Accompagnez-les d'une tasse de thé ou d'un verre de lait d'amande pour un goûter savoureux à indice glycémique bas.

**DESSERTS EXQUIS**

# Alternatives saines pour satisfaire les envies de sucré

# BOULES D'ÉNERGIE AUX FRUITS SECS ET À LA NOIX DE COCO

**PORTIONS**

Pour 12 boules

**TEMPS DE PRÉPARATION**

15 minutes

**INGRÉDIENTS**

- ✔ 1 tasse de dattes dénoyautées
- ✔ ½ tasse d'amandes
- ✔ ½ tasse de noix de cajou
- ✔ ¼ tasse de noix de coco râpée non sucrée
- ✔ 2 cuillères à soupe de graines de chia
- ✔ 2 cuillères à soupe d'huile de coco fondue
- ✔ 1 cuillère à café d'extrait de vanille
- ✔ Une pincée de sel

**INSTRUCTIONS**

1. Dans un robot culinaire, mélangez les dattes, les amandes, les noix de cajou, la noix de coco râpée, les graines de chia, l'huile de coco fondue, l'extrait de vanille et une pincée de sel. Mixez jusqu'à obtention d'une pâte collante.
2. Prélevez des portions de pâte et roulez-les entre vos mains pour former des boules de la taille d'une bouchée.
3. Placez les boules d'énergie sur une assiette.
4. Réfrigérez pendant au moins 30 minutes pour raffermir les boules.

---

Disposez les boules d'énergie sur une assiette décorative. Elles sont prêtes à être dégustées comme un dessert léger ou en-cas sain à indice glycémique bas. Conservez-les au réfrigérateur dans un contenant hermétique pour une consommation ultérieure.

# TARTELETTES AUX FRUITS ROUGES ET À LA CRÈME D'AMANDE

**PORTIONS**

Pour 6 tartelettes

**TEMPS DE PRÉPARATION**

20 minutes

**TEMPS DE CUISSON**

15 – 20 minutes

**INGRÉDIENTS**

**Pour la pâte**
- 1 tasse de farine d'amande
- 2 cuillères à soupe d'huile de coco fondue
- 1 cuillère à soupe de sirop d'érable (IG bas, facultatif)
- Une pincée de sel

**Pour la crème d'amande**
- ½ tasse de poudre d'amande
- 2 cuillères à soupe de sirop d'érable (IG bas, facultatif)
- 2 cuillères à soupe de lait d'amande
- 1 cuillère à café d'extrait d'amande
- 1 cuillère à soupe de fécule de maïs

**Pour la garniture**
- Fruits rouges frais (fraises, framboises, myrtilles – IG bas)

**INSTRUCTIONS**

1. Préchauffez le four à 180 °C (350 °F).
2. Dans un bol, mélangez la farine d'amande, l'huile de coco fondue, le sirop d'érable (si utilisé) et une pincée de sel pour former une pâte. Divisez la pâte en 6 portions égales.
3. À l'aide de vos doigts, pressez chaque portion de pâte dans le fond et sur les côtés de moules à tartelettes préalablement graissés. Piquez le fond avec une fourchette.
4. Faites cuire les fonds de tartelettes au four pendant 10 – 12 minutes jusqu'à ce qu'ils soient légèrement dorés.
5. Pendant ce temps, préparez la crème d'amande. Dans un bol, mélangez la poudre d'amande, le sirop d'érable (si utilisé), le lait d'amande, l'extrait d'amande et la fécule de maïs jusqu'à obtention d'une crème lisse.
6. Répartissez la crème d'amande refroidie sur les fonds de tartelettes.
7. Disposez les fruits rouges frais sur la crème d'amande.
8. Réfrigérez les tartelettes pendant au moins 1 heure avant de servir.

> Servez ces tartelettes aux fruits rouges et à la crème d'amande sur des assiettes individuelles. Elles sont parfaites en dessert léger pour conclure un repas ou pour une pause gourmande à indice glycémique bas.

Desserts exquis > **Alternatives saines pour satisfaire les envies de sucré**

# PUDDING DE CHIA AUX FRUITS D'ÉTÉ

**PORTIONS**

Pour 4 personnes

**TEMPS DE PRÉPARATION**

10 minutes (+ temps de repos)

**INGRÉDIENTS**

- ½ tasse de graines de chia
- 2 tasses de lait d'amande non sucré
- 2 cuillères à soupe de sirop d'érable ou de miel (IG bas, facultatif)
- 1 cuillère à café d'extrait de vanille
- 2 tasses de fruits d'été (fraises, pêches, abricots – IG bas), coupés en dés
- Quelques feuilles de menthe fraîche pour la garniture (facultatif)

**INSTRUCTIONS**

1. Dans un grand bol, mélangez les graines de chia, le lait d'amande, le sirop d'érable ou le miel (si utilisé) et l'extrait de vanille. Remuez bien pour combiner tous les ingrédients. Laissez reposer pendant 10 minutes.
2. Après 10 minutes, remuez à nouveau le mélange pour éviter que les graines de chia ne forment des grumeaux. Couvrez le bol et placez-le au réfrigérateur pendant au moins 4 heures ou idéalement toute une nuit pour que le pudding épaississe.
3. Au moment de servir, répartissez le pudding de chia dans des verrines ou des bols.
4. Ajoutez les fruits d'été coupés en dés par-dessus le pudding.
5. Décorez éventuellement avec quelques feuilles de menthe fraîche pour une touche de fraîcheur supplémentaire.

Présentez ces puddings de chia aux fruits d'été dans des verrines individuelles ou des bols décoratifs. Ils sont parfaits pour un dessert rafraîchissant et sain à indice glycémique bas, mettant en valeur la fraîcheur des fruits de saison.

# YAOURT GREC AUX FRUITS ROUGES ET AUX AMANDES

**PORTIONS**

Pour 4 personnes

**TEMPS DE PRÉPARATION**

10 minutes

**INGRÉDIENTS**

- ✔ 2 tasses de yaourt grec nature
- ✔ 1 tasse de fruits rouges mélangés (fraises, framboises, myrtilles)
- ✔ ¼ tasse d'amandes effilées
- ✔ 2 cuillères à soupe de miel ou de sirop d'érable (IG bas, facultatif)
- ✔ Quelques feuilles de menthe fraîche pour la garniture (facultatif)

**INSTRUCTIONS**

1. Répartissez le yaourt grec dans quatre bols individuels.
2. Disposez les fruits rouges mélangés sur le yaourt.
3. Faites légèrement griller les amandes effilées dans une poêle à sec jusqu'à ce qu'elles soient dorées, puis saupoudrez-les sur les fruits rouges.
4. Si désiré, ajoutez une cuillère à soupe de miel ou de sirop d'érable pour une touche de douceur supplémentaire.
5. Garnissez éventuellement de quelques feuilles de menthe fraîche pour une touche de fraîcheur.

> Servez ces bols de yaourt grec aux fruits rouges et aux amandes individuellement. C'est un dessert simple, rafraîchissant et à indice glycémique bas, parfait pour une fin de repas légère et saine.

# COMPOTE DE POMMES CANNELLE

**PORTIONS**

Pour 4 personnes

**TEMPS DE PRÉPARATION**

10 minutes

**TEMPS DE CUISSON**

15 minutes

**INGRÉDIENTS**

- 4 pommes, pelées, épépinées et coupées en dés
- 1 cuillère à soupe de jus de citron
- 2 cuillères à soupe d'eau
- 1 cuillère à café de cannelle en poudre
- 1 cuillère à soupe de miel ou de sirop d'érable (IG bas, facultatif)
- Yaourt grec nature (facultatif, pour servir)

**INSTRUCTIONS**

1. Dans une casserole à feu moyen, combinez les dés de pommes, le jus de citron, l'eau et la cannelle en poudre.
2. Laissez mijoter pendant environ 10 à 15 minutes, en remuant de temps en temps, jusqu'à ce que les pommes soient tendres et commencent à se défaire.
3. Écrasez légèrement les pommes cuites à l'aide d'une cuillère en bois pour obtenir une consistance de compote plus ou moins lisse, selon votre préférence.
4. Ajoutez éventuellement une cuillère à soupe de miel ou de sirop d'érable pour sucrer légèrement, en ajustant selon votre goût.
5. Retirez du feu et laissez refroidir légèrement.
6. Servez la compote de pommes à la cannelle tiède ou froide. Vous pouvez également la servir avec une cuillerée de yaourt grec nature pour une variation délicieuse.

> Servez cette compote de pommes à la cannelle dans des bols individuels ou des verrines. C'est un dessert réconfortant à indice glycémique bas, parfait pour terminer un repas tout en douceur.

DESSERTS EXQUIS

# Desserts glacés et gourmands

# POPSICLES FRUITS ROUGES ET YAOURT GREC

**PORTIONS**

Pour 6 popsicles

**TEMPS DE PRÉPARATION**

10 minutes
(+ temps de congélation)

**INGRÉDIENTS**

- ✔ 1 tasse de yaourt grec nature
- ✔ 1 tasse de fruits rouges mélangés (fraises, framboises, myrtilles)
- ✔ 2 cuillères à soupe de sirop d'érable ou de miel (IG bas, facultatif)
- ✔ ½ cuillère à café d'extrait de vanille
- ✔ ¼ tasse de granola (facultatif, IG bas)

**INSTRUCTIONS**

1. Dans un mixeur, mélangez le yaourt grec, les fruits rouges, le sirop d'érable ou le miel (si utilisé) et l'extrait de vanille. Mixez jusqu'à obtenir un mélange lisse.
2. Si désiré, ajoutez le granola dans le mélange pour apporter une texture croquante.
3. Versez le mélange dans des moules à popsicles jusqu'en haut.
4. Insérez les bâtonnets à popsicles et placez le moule au congélateur pendant au moins 4 heures, voire toute une nuit.
5. Pour les démouler, passez brièvement les moules sous l'eau chaude pour libérer les popsicles.

---

Servez les popsicles fruits rouges et yaourt grec dans un plat ou sur une assiette individuelle. Pour une présentation plus festive, saupoudrez éventuellement de granola sur le dessus ou ajoutez quelques fruits rouges frais pour une touche colorée. C'est une option rafraîchissante et délicieuse à faible indice glycémique pour conclure un repas ou pour une douceur glacée.

# SORBET TROPICAL À LA MANGUE ET À LA NOIX DE COCO

**PORTIONS**

Pour 4 personnes

**TEMPS DE PRÉPARATION**

10 minutes
(+ temps de congélation)

**INGRÉDIENTS**

- 2 mangues mûres, pelées et coupées en dés
- ½ tasse de lait de coco
- Jus d'un citron vert
- 2 cuillères à soupe de sirop d'agave ou de miel (IG bas, facultatif)
- ¼ tasse de noix de coco râpée non sucrée (IG bas, facultatif)

**INSTRUCTIONS**

1. Placez les dés de mangue dans un mixeur avec le lait de coco, le jus de citron vert et le sirop d'agave ou le miel (si utilisé).
2. Mixez jusqu'à obtenir un mélange lisse et homogène.
3. Versez la préparation dans un plat peu profond allant au congélateur.
4. Placez le plat au congélateur et laissez prendre pendant environ 1 à 2 heures.
5. Toutes les 30 minutes, sortez le plat du congélateur et grattez doucement le dessus du sorbet avec une fourchette pour casser les cristaux de glace. Répétez cette étape toutes les 30 minutes jusqu'à ce que le sorbet soit pris et ait une texture de glace.
6. Pour servir, formez des boules de sorbet à l'aide d'une cuillère à glace et décorez éventuellement de noix de coco râpée.

> Servez le sorbet tropical à la mangue et à la noix de coco dans des coupes individuelles ou des bols. Ajoutez une touche finale en parsemant de noix de coco râpée sur le dessus pour une présentation estivale et rafraîchissante.

# GRANITÉ À LA PASTÈQUE

**PORTIONS**

Pour 4 personnes

**TEMPS DE PRÉPARATION**

10 minutes
(+ temps de congélation)

**INGRÉDIENTS**

- 4 tasses de pastèque coupée en dés, sans pépins
- Jus d'un demi-citron
- 2 cuillères à soupe de sirop d'agave ou de miel (IG bas, facultatif)
- Feuilles de menthe fraîche pour la garniture (facultatif)

**INSTRUCTIONS**

1. Placez les dés de pastèque dans un mixeur avec le jus de citron et le sirop d'agave ou le miel (si utilisé).
2. Mixez jusqu'à obtenir une purée lisse.
3. Versez la purée de pastèque dans un plat peu profond allant au congélateur.
4. Placez le plat au congélateur et laissez congeler pendant environ 2 heures.
5. Toutes les 30 minutes, sortez le plat du congélateur et grattez la surface du granité avec une fourchette pour former des cristaux de glace. Répétez cette étape jusqu'à ce que tout le mélange soit formé en cristaux.
6. Pour servir, répartissez le granité dans des verres individuels. Garnissez éventuellement de feuilles de menthe pour une touche de fraîcheur.

> Servez le granité à la pastèque dans des verres transparents pour mettre en valeur sa texture cristalline. Ajoutez quelques feuilles de menthe fraîche pour une touche décorative et parfumée.

# BÂTONNETS GLACÉS AU YAOURT ET AUX BAIES

**PORTIONS**

Pour 6 bâtonnets

**TEMPS DE PRÉPARATION**

10 minutes
(+ temps de congélation)

**INGRÉDIENTS**

- 1 tasse de yaourt grec nature
- 1 tasse de baies mélangées (fraises, framboises, myrtilles – IG bas)
- 2 cuillères à soupe de sirop d'érable ou de miel (IG bas, facultatif)
- ½ cuillère à café d'extrait de vanille
- Quelques baies entières (pour la garniture, facultatif)

**INSTRUCTIONS**

1. Dans un mixeur, mélangez le yaourt grec, les baies mélangées, le sirop d'érable ou le miel (si utilisé) et l'extrait de vanille. Mixez jusqu'à obtenir un mélange lisse et homogène.
2. Versez le mélange dans des moules à popsicles jusqu'en haut.
3. Insérez les bâtonnets à popsicles et placez le moule au congélateur pendant au moins 4 heures, voire toute une nuit.
4. Pour les démouler, passez brièvement les moules sous l'eau chaude pour libérer les bâtonnets glacés.
5. Si désiré, garnissez chaque bâtonnet avec quelques baies entières avant de les congeler.

> Présentez les bâtonnets glacés au yaourt et aux baies sur un plateau coloré ou dans des supports à popsicles individuels. C'est une option rafraîchissante et à indice glycémique bas pour un dessert gourmand et sain.

# GRANITÉ À LA CITRONNELLE ET À LA MENTHE

**PORTIONS**

Pour 4 personnes

**TEMPS DE PRÉPARATION**

10 minutes
(+ temps de congélation)

**INGRÉDIENTS**

- 4 tasses d'eau
- 4 tiges de citronnelle, coupées en morceaux
- ½ tasse de sucre de coco ou de sirop d'agave
- Jus de 2 citrons
- Feuilles de menthe fraîche pour la garniture (facultatif)

**INSTRUCTIONS**

1. Dans une casserole, portez l'eau à ébullition. Ajoutez la citronnelle et laissez mijoter pendant 5 minutes. Retirez du feu et laissez infuser pendant 10 – 15 minutes. Filtrez pour retirer les morceaux de citronnelle.

2. Ajoutez le sucre de coco ou le sirop d'agave dans l'infusion de citronnelle encore chaude. Remuez pour dissoudre complètement le sucre. Laissez refroidir à température ambiante.

3. Ajoutez le jus de citron dans le mélange refroidi et remuez bien.

4. Versez la préparation dans un plat peu profond allant au congélateur.

5. Placez le plat au congélateur pendant au moins 2 heures. Toutes les 30 minutes, grattez doucement le granité à l'aide d'une fourchette pour former des cristaux de glace.

6. Pour servir, répartissez le granité dans des bols individuels. Garnissez éventuellement de feuilles de menthe fraîche pour une touche de fraîcheur.

---

Servez le granité à la citronnelle et à la menthe dans des coupes à dessert ou des bols. Ajoutez des feuilles de menthe fraîche pour une présentation rafraîchissante et une expérience gustative agréable.

ANNEXES

# Mesures et ingrédients

# Tableau des Index Glycémiques des aliments courants

Voici un tableau présentant quelques aliments courants et leurs indices glycémiques (IG) approximatifs :

| Aliments | Indice Glycémique (IG) |
| --- | --- |
| Avoine (non transformée) | 55 |
| Riz basmati | 58-63 |
| Quinoa | 53 |
| Pomme de terre | 70-80 |
| Patate douce | 44-77 |
| Pain complet | 50-70 |
| Légumineuses (lentilles, pois) | 25-45 |
| Banane | 42-62 |
| Pomme | 36-52 |
| Poire | 38-53 |
| Fruits à coque (amandes, noix) | Faible |
| Yaourt grec nature | 11 |
| Carottes cuites | 39 |
| Pois chiches | 28-42 |
| Haricots noirs | 30 |
| Lentilles | 30-52 |
| Chocolat noir (70 % cacao) | 23-50 |
| Jus d'orange | 50 |
| Patate douce | 44-77 |

**Remarque :** Les valeurs d'indice glycémique peuvent varier en fonction de divers facteurs, tels que la préparation des aliments, leur maturité ou encore leur combinaison avec d'autres aliments lors d'un repas. Utilisez ces valeurs comme référence générale pour guider vos choix alimentaires vers une consommation à IG bas.

# Conversion des mesures pour faciliter l'utilisation du livre

Pour faciliter l'utilisation du livre, voici un tableau de conversion des mesures couramment utilisées dans les recettes :

| Mesures | Conversion |
|---|---|
| Grammes (g) | 1 gramme = 0,0353 onces |
| Onces (oz) | 1 once = 28,35 grammes |
| Millilitres (ml) | 1 millilitre = 0,0338 onces |
| Litres (l) | 1 litre = 33,814 onces |
| Cuillère à café | 1 cuillère à café = 5 ml |
| Cuillère à soupe | 1 cuillère à soupe = 15 ml |
| Tasse (cup) | 1 tasse = 236,6 millilitres |

# Liste d'ingrédients végétariens à IG bas essentiels à avoir dans sa cuisine

Liste d'ingrédients végétariens à faible indice glycémique qui sont essentiels à avoir dans sa cuisine pour concocter des repas sains et équilibrés :

## Légumineuses

- Lentilles (vertes, corail)
- Haricots noirs
- Pois chiches
- Haricots rouges
- Tofu ou tempeh

## Céréales complètes

- Quinoa
- Riz complet
- Sarrasin

- Orge
- Farine d'épeautre ou de blé complet

## Légumes frais et surgelés

- Épinards
- Brocoli
- Poivrons
- Courgettes
- Tomates

## Fruits frais et secs

- Pommes
- Poires
- Prunes
- Baies (framboises, fraises, myrtilles)
- Raisins secs ou dattes

## Produits laitiers végétaux

- Lait d'amande non sucré
- Lait de soja non sucré
- Yaourt de soja nature

## Noix et graines

- Amandes
- Noix de cajou
- Graines de chia
- Graines de lin
- Noix de Grenoble

## Édulcorants naturels

- Sirop d'érable ou sirop d'agave
- Stevia naturelle
- Sucre de coco

## Huiles et matières grasses saines

- Huile d'olive extra vierge
- Huile de coco
- Avocats

## Épices et herbes

- Curcuma
- Cannelle
- Paprika
- Persil
- Basilic

> Ces ingrédients constituent une base solide pour la préparation de repas à faible indice glycémique pour les végétariens. En les ayant à portée de main, il devient plus facile de cuisiner des plats variés, riches en nutriments et en saveurs, tout en maintenant un équilibre glycémique optimal. Cette liste offre une diversité d'options pour créer des recettes savoureuses et nourrissantes dans le cadre d'un régime végétarien axé sur un faible indice glycémique.

## Du même auteur

## Vous avez aimé ce livre ?

Vous pouvez laisser
un commentaire sur sa page

Merci beaucoup !

Printed in Poland
by Amazon Fulfillment
Poland Sp. z o.o., Wrocław